중국
세계 1위를 꿈꾸다!

강창훈 지음 ★ 고세인 그림

차례

1 한국과 중국, 그 미묘한 관계를 파헤치다!

- 한국사에는 중국이 왜 이렇게 많이 등장할까? **한중 관계사** … 12
- 한국과 중국은 언제부터 다시 가까워졌나? **한중 수교** … 16
- 우리 집에 있는 물건 대부분이 중국산이라고? **한중 무역** … 20
- 우리나라에 온 외국인 중 중국인이 가장 많다고? **한중 인적 교류** … 24

2 중국의 정치에 대해 알아보자!

- 중국의 정치는 우리나라와 어떻게 다를까? **중국 공산당 일당 독재** … 30
- 중국이 단일 민족 국가가 아니라고? **중국의 소수 민족 정책** … 36
- 중국은 부정부패가 왜 이렇게 심할까? **부패와의 전쟁** … 40
- 중국에서는 인터넷을 자유롭게 쓸 수 없다고? **중국의 인터넷 정책** … 44

3 중국의 교우 관계를 살펴보자!

- 중국의 가장 친한 친구는 북한일까? **중국과 북한** … 50
- 중국과 세계 1위 자리를 놓고 다투는 나라는? **중국과 미국** … 54
- 중국 사람들은 왜 일본 사람들을 미워할까? **중국과 일본** … 58
- 중국도 우리처럼 분단국가라고? **중국 대륙과 타이완** … 62

4 중국의 경제 상황을 알고 싶다!

중국이 세계 2위의 경제 대국이라고? **중국의 경제 개요** 68
중국은 왜 실크 로드를 부활시키려고 할까? **중국의 일대일로 전략** 72
중국 청년들의 창업 열풍이 우리나라보다 더 뜨겁다고? **중국의 스타트업** 76
중국은 '짝퉁'만 만들지 않다고? **중국의 IT 기업** 80

5 중국의 사회 전반이 궁금해!

중국 도시에서는 농민들이 일한다고? **중국의 농민공** 86
중국에서는 한 명 이상 낳으면 안 된다고? **중국의 인구 정책** 92
중국 학생들도 우리만큼 치열하게 공부한다고? **중국의 교육 제도** 98
중국 글자는 왜 이렇게 어려운 걸까? **중국어** 102

6 중국의 과학과 환경을 짚어 보자!

중국이 세계에서 세 번째로 우주인을 배출했다고? **중국의 우주 과학** 110
중국 사람들은 고속 철도를 '육지 비행기'라고 부른다고? **중국의 고속 철도** 114
중국이 인공 지능 분야의 강국이라고? **중국의 인공 지능 산업** 118
우리나라의 미세 먼지의 절반이 중국산이라고? **중국의 대기 오염** 122

중화 인민 공화국 中华人民共和国

중국의 국기 오성홍기

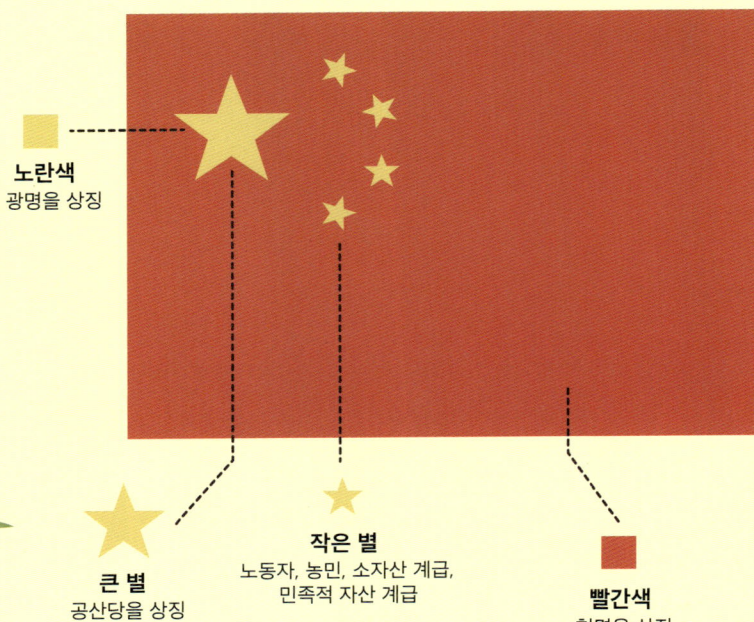

노란색 광명을 상징

큰 별 공산당을 상징

작은 별 노동자, 농민, 소자산 계급, 민족적 자산 계급

빨간색 혁명을 상징

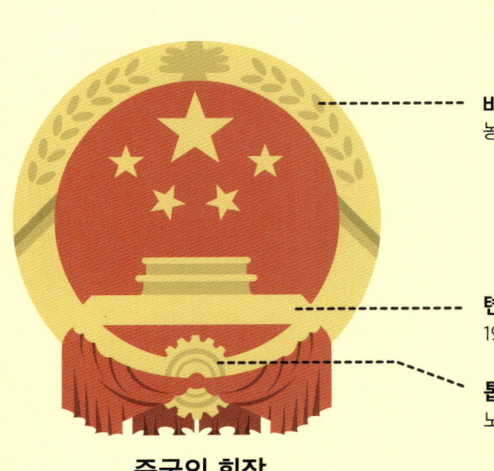

벼와 보리 이삭 농민을 상징

톈안먼 광장 1949년 10월 1일 오성홍기가 처음 게양된 곳

톱니바퀴 노동자를 상징

중국의 휘장

인민 해방군 군가는 한국 출신 작곡가 정율성이 작곡했어.

수도: 베이징
면적: 약 960만km²(세계 4위)
인구: 약 14억 1362만 명(2018년 기준, 세계 인구의 약 20%)
주요 언어: 중국어(표준어는 '푸통화'(보통어))
주요 종교: 불교, 이슬람교, 기독교 등
통화: 위안

중국의 지하자원

중국은 세계적인 자원 대국으로 희귀한 자원도 많아!

[출처: 미국 중앙정보국]

연료
- 석유 정제업/시설
- 셰일 오일 정제업/시설
- 유전
- 천연가스
- 유반
- 주요 석탄 산지

발전소
- 열 발전소
- 소수력 발전소

비철금속
- Sb 안티모니
- Cu 구리
- Pb 납과 아연
- M 마그네사이트
- Hg 수은
- Sn 주석

철과 합금철
- Fe 철광석
- Mn 망가니즈
- Mo 몰리브데넘
- W 텅스텐

한국·중국·미국의 군사력

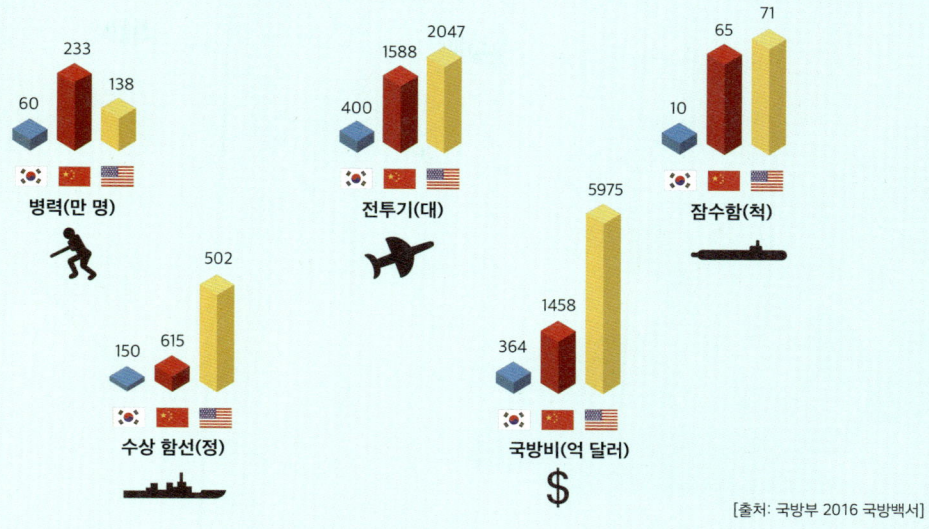

- 병력(만 명): 한국 60, 중국 233, 미국 138
- 전투기(대): 한국 400, 중국 1588, 미국 2047
- 잠수함(척): 한국 10, 중국 65, 미국 71
- 수상 함선(정): 한국 150, 중국 615, 미국 502
- 국방비(억 달러): 한국 364, 중국 1458, 미국 5975

[출처: 국방부 2016 국방백서]

한국·중국의 주요 수입·수출국

중국의 주요 수입·수출국 (단위: 백만 달러)

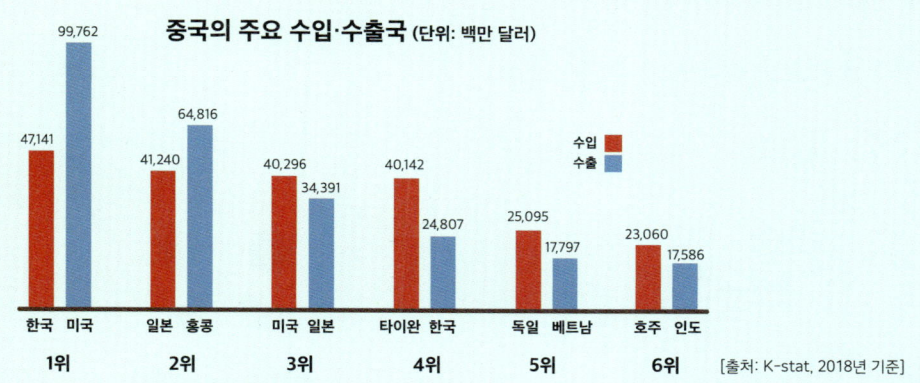

순위	국가	수입	수출
1위	한국 / 미국	47,141	99,762
2위	일본 / 홍콩	41,240	64,816
3위	미국 / 일본	40,296	34,391
4위	타이완 / 한국	40,142	24,807
5위	독일 / 베트남	25,095	17,797
6위	호주 / 인도	23,060	17,586

[출처: K-stat, 2018년 기준]

한국의 주요 수입·수출국 (단위: 백만 달러)

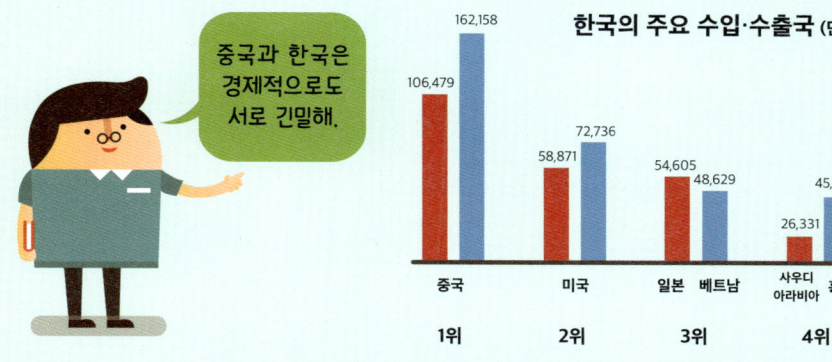

중국과 한국은 경제적으로도 서로 긴밀해.

순위	국가	수입	수출
1위	중국	106,479	162,158
2위	미국	58,871	72,736
3위	일본 / 베트남	54,605	48,629
4위	사우디아라비아 / 홍콩	26,331	45,999
5위	독일 / 일본	20,852	30,574
6위	호주 / 타이완	20,699	20,794

[출처: 관세청, 2018년 기준]

한국과 중국의 여행객 수

한국을 방문한 중국인 수 추이 (단위: 명)

- 2011: 222만
- 2012: 284만
- 2013: 433만
- 2014: 613만

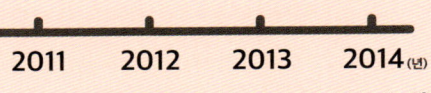

[출처: 한국문화관광연구원 관광지식정보시스템]

중국을 방문한 한국인 수 추이 (단위: 명)

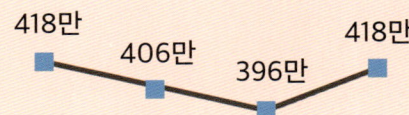

- 2011: 418만
- 2012: 406만
- 2013: 396만
- 2014: 418만

양국을 방문하는 여행객 수도 점점 증가하는 추세야.

[출처: 중국국가여유국]

북한과 중국의 관계

북한의 주요 무역 상대국 (수출입 합계, 단위: 만 달러)

중국	러시아	인도	태국	필리핀
606,000	7,700	6,000	5,000	4,500

[출처: 대한무역투자진흥공사, 2016년 기준]

북한의 중국 무역 비중 추이 (단위: %)

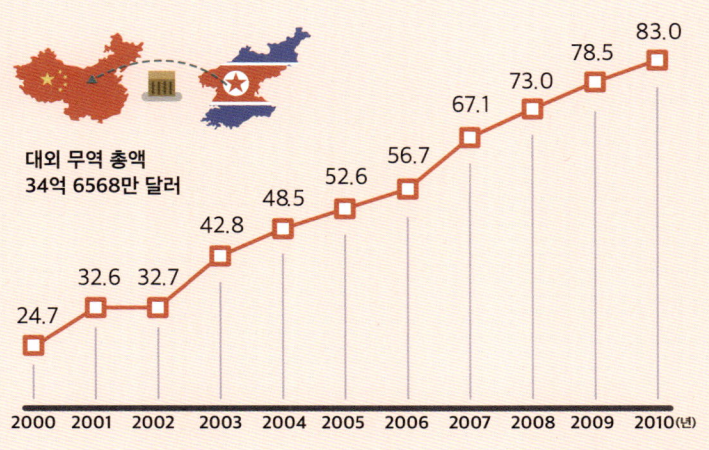

대외 무역 총액 34억 6568만 달러

2000	2001	2002	2003	2004	2005	2006	2007	2008	2009	2010(년)
24.7	32.6	32.7	42.8	48.5	52.6	56.7	67.1	73.0	78.5	83.0

[출처: 대한무역투자진흥공사]

1

한국과 중국,
그 미묘한 관계를 파헤치다!

좋든 싫든 우리는 중국 사람과 교류하고 중국산 물건을 사용하며 살아가고 있어.
나중에 너희가 컸을 때는 중국의 영향력이 더욱 커져 있을 거야.
그러니 당연히 중국에 대해 알아야겠지?

한국사에는 중국이 왜 이렇게 많이 등장할까? 한중 관계사

중국은 어디에 있는 나라일까? 우리나라 지도를 잠깐 보자.

오른쪽 바다에 섬나라 일본이 둥둥 떠 있고, 우리나라 옆에 붙어 있는 대륙이 보이지?

아니, 우리나라가 대륙에 붙어 있다고 해야 더 맞겠구나. 이 거대한 대륙이 바로 중국이야. 중국은 우리나라와 육지로 연결되어 있어. 일본보다 더 가까운 느낌이 들지 않니?

이웃 나라~!

물론 지금은 분단되어 대한민국과 중국 사이에 북한이 있지만, 지난 오랜 역사를 돌아보면 두 나라는 항상 이웃하며 지냈어.

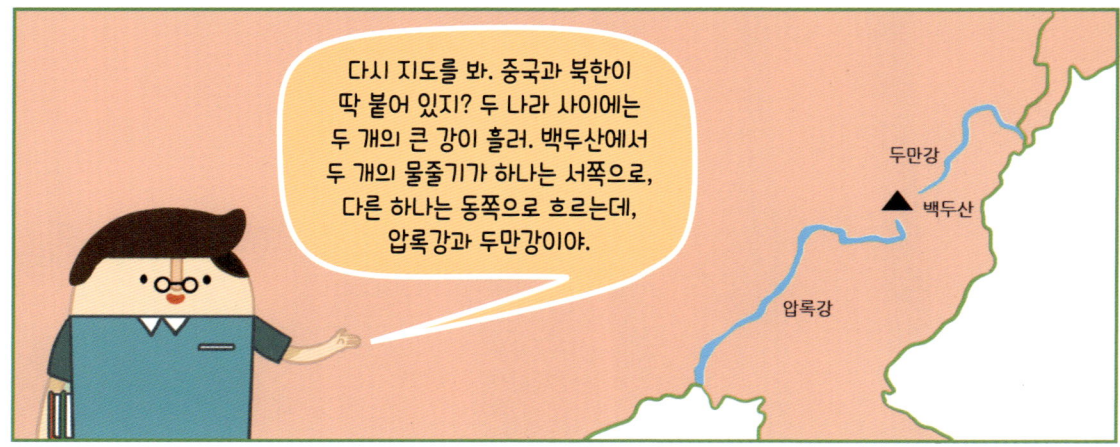

다시 지도를 봐. 중국과 북한이 딱 붙어 있지? 두 나라 사이에는 두 개의 큰 강이 흘러. 백두산에서 두 개의 물줄기가 하나는 서쪽으로, 다른 하나는 동쪽으로 흐르는데, 압록강과 두만강이야.

중국은 지리적으로 가까운 나라여서 우리나라의 역사에 많은 영향을 끼쳤어. 우리나라 최초의 국가인 고조선을 멸망시킨 중국 한나라 기억해? 을지문덕 장군의 살수 대첩 모르는 사람 없지? 이때 고구려에 패한 나라 이름이 중국 수나라야. 당나라 태종 황제도 고구려를 침입했다가 실패하고 물러난 적이 있지. 삼국 시대를 통일한 나당 연합군 기억나? '나'는 신라이고 '당'은 당나라이지.

우리나라가 고려 시대일 때는 중국 땅에 거란, 여진, 몽골 등 강력한 유목 민족들이 세운 왕조가 줄줄이 등장했어. 이들이 고려를 침략해서 무척이나 괴롭혔지. 우리나라가 조선 시대일 때는 큰 치욕을 안겨 주기도 했어. 병자호란, 들어 봤지? 이때 조선 임금 인조가 직접 삼전도(지금의 서울시 송파동에 있던 나루)로 나가 청나라 황제에게 항복했어.

그렇지만 두 나라가 만날 싸우기만 한 건 아니야. 사상, 문화, 제

중국 문자인 한자
중국식 불교
중국식 상감 기법

도 등 우리나라가 중국에서 받아들인 것들이 많아. 유교는 중국에서 생겨났지만, 우리나라에 들어와 더 발전했어. 인도에서 탄생한 불교는 중국에서 중국식 불교로 탈바꿈한 뒤 우리나라로 전래되었지. 지금은 우리가 한글을 쓰지만 조선 시대까지만 해도, 심지어 한글이 창제된 이후에도 오랫동안 우리는 중국의 한자를 사용했고. 세계적으로 유명한 고려청자도 중국의 금속 공예 기술을 배웠기 때문에 탄생시킬 수 있었어. 고려 시대에 처음 시행한 과거 제도도 사실은 중국에서 건너온 거야.

그리고 두 나라 모두 아픈 현대사를 겪었어. 이념의 차이 때문에 분단국가가 되었지. 한반도에서는 1948년 남북이 분단되어 남에는 대한민국, 북에는 조선 민주주의 인민 공화국이 등장했어. 중국 대륙에서는 1949년 중국 공산당이 사회주의 국가인 중화 인민 공화국을 세웠어. 그 사이에 중국 국민당은 타이완(대만)으로 도망쳐 자본주의 국가인 중화민국을 재건했지.

1950년 6월에는 한반도에서 한국 전쟁이 일어났어. 처음에 우세를 보이던 북한이 인천 상륙 작전 이후 후퇴했는데, 이때 중국이 지원군을 보내 북한을 도왔지. 결국 1953년 7월, 휴전선을 사이에 둔 채 남과 북은 전쟁을 끝냈어. 우리나라와 중국은 이념이 달라 사이가 좋지 않았는데, 한국 전쟁을 겪으며 더욱 앙숙이 되었지. 그 뒤 수십 년 동안 중국은 우리나라에게 지리적으로만 가까울 뿐, 아주 먼 나라가 되어 버렸어.

한국과 중국은 언제부터 다시 가까워졌나? 한중 수교

한국 전쟁이 끝난 뒤, 세계는 크게 두 개의 그룹으로 나뉘어 대립했어.
미국 중심의 자본주의 체제와 소련 중심의 사회주의 체제가 경쟁을 벌였지.

사회주의 VS 자본주의

'냉전 시대'라고 부르는데, 이때는 체제가 같은 나라끼리만 사이좋게 지냈어.

사회주의 / 자본주의

타이완 한국 미국

한국은 미국과 같은 편이었고, 자본주의 국가인 타이완과 외교 관계를 유지했어.

북한 중국 소련

반면 대륙의 중국은 소련과 손을 잡고 북한과 좋은 관계를 유지했지.

그런데 시간이 흐르면서 변화가 생기기 시작했어.

1972년 미국의 닉슨 대통령과 중국의 마오쩌둥 주석이 베이징에서 만나 정상 회담을 했어. 그리고 1979년 1월 1일 미국과 중국은 수교(나라와 나라 사이에 외교를 맺는 것)했지. 그러니 우리나라라고 중국과 친해지지 말란 법은 없겠지? 그러던 중 두 나라가 관계를 개선하는 데 디딤돌이 되는 사건이 발생했어.

1983년 5월 5일 어린이날 오후 2시, 춘천의 미군 비행장에 중국 민항기 한 대가 불시착한 거야. 사람들은 전쟁이라도 날까 봐 두려워했지. 그렇지만 중국 비행기가 불시착하게 된 건 납치를 당해서였어. 우리나라 정부는 납치범들을 설득해 사건을 마무리 지었고, 다행히 승객과 승무원 100여 명 모두 무사했지.

이 사건은 한국과 중국, 두 나라 관계에 중요한 계기가 되었어. 이 사건의 해결을 위해 한국과 중국 정부의 대표가 처음으로 탁자 앞에 마주 앉았으니까. 또 한국 정부가 사고를 겪은 승객과 승무원들을 서울로 데려와서 최고급 호텔에 재워 주고 시내 관광을 시켜 주었거든. 그 사건이 있은 지 3년 뒤에 열린 1986년 서울 아시안 게임과 그 2년 뒤인 1988년 서울 올림픽 때는 중국이 대규모 선수단을 보내기도 했지.

한국은 사회주의 국가였던 동유럽 여러 나라들과 외교 관계를 맺은 데 이어서, 1991년 사회주의 종주국이었던 소련과 외교 관계를 맺었어. 그리고 1992년에는 드디어 중국과 외교 관계를 맺었어. 대신 지난 40년 넘게 잘 지내온 타이완과는 관계를 끊을 수밖에 없었지.

한국과 중국은 각각 자본주의 국가와 사회주의 국가로 정치 이념은 달랐지만, 외교 관계를 정상화해야 할 이유가 있었어. 중국은 1978년 개혁 개방 정책을 시작한 이후 경제 발전에 박차를 가하고 있었는데, 한국이 무역 상대로 추가된다면 발전 속도를 더욱 끌어올릴 수 있다고 판단했어. 반면, 한국은 경제 발전이 둔화되고 있는 상황이어서 중국이 새로운 활력소가 되어 주길 바랐지. 중국은 지리적으로 가까우면서도 노동력이 풍부한 데다가 인구 10억이 넘는 거대한 시장도 매력적이었지. 북한을 견제하는 효과도 기대했고 말이야. 한중 수교 이후 두 나라는 급속히 가까워졌어.

우리 집에 있는 물건 대부분이 중국산이라고? 한중 무역

한중 수교 이후 두 나라 사이에 많은 일들이 있었어. 가장 눈에 띄는 변화는 경제 분야야.

중국은 우리나라의 가장 큰 교역 상대국이야. 우리나라가 중국과 하는 교역의 규모가 미국과 일본을 합친 것보다 많지.

그럼 중국에게는 우리나라가 어떤 존재일까? 네 번째로 큰 교역 상대국이야.

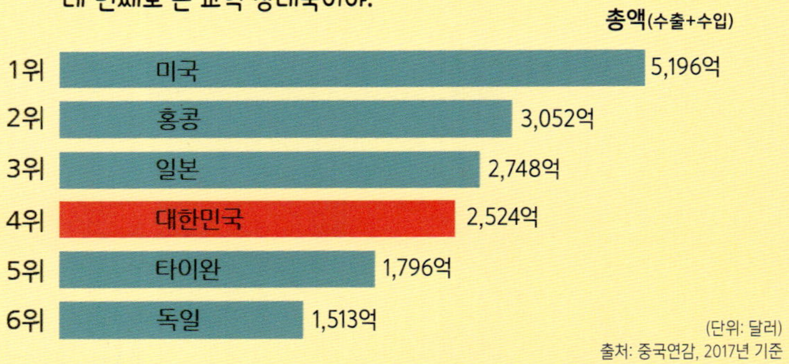

총액(수출+수입)
- 1위 미국 5,196억
- 2위 홍콩 3,052억
- 3위 일본 2,748억
- 4위 대한민국 2,524억
- 5위 타이완 1,796억
- 6위 독일 1,513억

(단위: 달러)
출처: 중국연감, 2017년 기준

사실 외교 관계를 맺은 1992년만 해도 두 나라의 무역량이 64억 달러밖에 되지 않았어. 그런데 22년이 지난 2014년에 2353억 달러가 되었어. 37배나 증가한 거야.

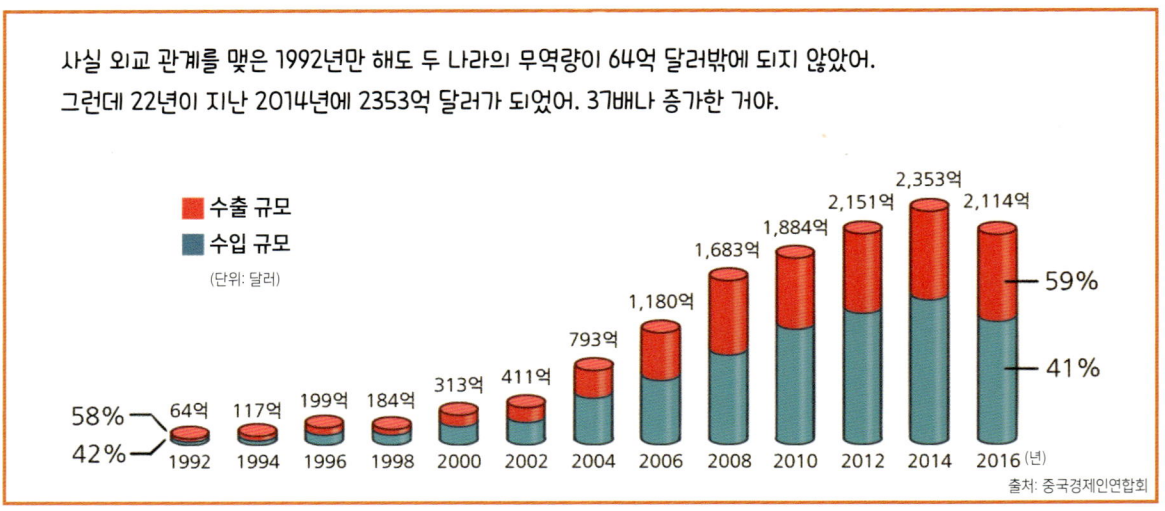

■ 수출 규모
■ 수입 규모
(단위: 달러)

연도	1992	1994	1996	1998	2000	2002	2004	2006	2008	2010	2012	2014	2016
총액	64억	117억	199억	184억	313억	411억	793억	1,180억	1,683억	1,884억	2,151억	2,353억	2,114억

58% / 42% (1992) → 59% / 41% (2016)

출처: 중국경제인연합회

우리 가족이 함께 사용하는 데스크톱 컴퓨터도 중국산이야. 선풍기, 에어컨, 전자레인지, 진공청소기, 세탁기 등도 대부분 중국산이야. 가전제품뿐 아니라 가구도 중국산의 비중이 높아. 식탁, 장식장, 장롱과 서랍장도 중국산이야. 침대와 책상 정도만 빼고 말이야. 작은 가재도구도 중국산이 많아. 가위와 칼, 집게, 국자 같은 주방 기구 역시 주로 중국산이야. 학용품 중에도 중국산이 꽤 있을걸. 1000원 안팎의 싼 물건들을 파는 '다○○'라는 마트에 가 본 적 있니? 온갖 물건이 가득 진열되어 있어서 구경하는 것만으로도 재미있지. 그곳에서 파는 물건들 중 상당수가 중국산이야. 「경향신문」이 조사한 바에 따르면(2011년 2월 7일), 각 가정마다 차이가 있긴 하지만 생활필수품의 90퍼센트가 중국산인 가정도 있다더구나.

그러나 최근 몇 년 사이에 중국산의 비중이 조금씩 줄어들고 있어. 왜 그럴까? 중국의 임금이 높아지기 시작했거든. 그럼 제조 단가도 올려야 하고 상품의 가격도 올려야 하는데, 외국 기업 입장에서는 불리하잖아. 이 문제를 어떻게 해결하고 있을까? 제조 국가를 바꾸기 시작했어. 중국보다 임금이 더 낮은 동남아시아의 여러 국가들로 말이야. 그래서 최근 우리 생활용품 중에 제조 국가가 '중국'이 아니라 '베트남'이나 '필리핀'인 경우가 많아졌어. 이 글을 쓰면서 아들의 장난감 총 상자를 살펴보았는데 제조 국가가 '베트남'으로 되어 있네.

앞으로 중국은 '제조 국가'로 이름을 올리는 경우가 더욱 줄어들고 직접 '제조자'의 역할을 하는 경우가 늘어날 거야. 스마트폰 하나만 봐도 알 수 있어. 예전에는 중국 기업들이 다른 나라 스마트폰의 부품을 생산하는 역할을 주로 했지만, 최근에는 성능도 우수하고 값도 싼 스마트폰을 직접 생산하고 있어. 게다가 최근에는 우리나라 스마트폰 판매 시장에도 뛰어들고 있어. 아무튼 중국이 경제적으로 발전하면 할수록 우리나라와 중국의 관계는 더욱 중요해질 거야.

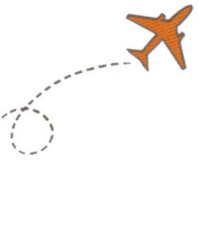

우리나라를 찾는 중국인 관광객을 예로 들면, 1992년에는 약 8만 명이었는데, 2000년에 약 44만 명, 2012년에 약 280만 명으로 늘었어.

수교 20년 만에 무려 35배나 증가한 거야. 한국을 찾는 외국인 관광객 수의 4분의 1 정도를 중국인이 차지할 정도지.

2016년의 한 설문 조사에 따르면, 중국인이 해외여행을 하면서 돈을 가장 많이 쓰는 나라가 태국이고,

2위가 일본, 3위가 우리나라라고 해.

우리나라로 여행 온 중국인 관광객을 '유커(游客)'라고 부르기도 해. 중국어로 '여행객'을 뜻하는 보통 명사인데, 우리나라에서는 '중국인 관광객'을 뜻하는 의미로 사용되고 있는 거지.

유커가 증가하면서 한국 경제와 관광 산업의 발전에 좋은 영향을 끼치고 있어. 유커는 공항 면세점의 명품 매장을 싹쓸이하고 명동, 홍대 거리 등을 다니며 엄청난 돈을 쓰고 있지. 성형 수술이나 건강 검진 등 의료 관광을 하는 이들도 많다고 해.

우리나라를 찾는 중국인 중에는 여행을 목적으로 다녀간 이들 말고, 아예 살러 온 이들도 적지 않아. 한국에서 체류하는 중국인의 수가 약 70만 명이라고 하는데(2012년 법무부 출입국, 외국인 정책 본부 통계), 이 수치가 높은지 낮은지 느낌이 잘 안 오지? 우리나라에 체류하는 외국인 전체의 절반 이상이 중국인이야!

중국인들은 무슨 이유로 우리나라에 와서 살고 있는 걸까?

먼저, 유학을 들 수 있어. 한국에서 공부하고 있는 중국인 유학생이 6만 명 가까이 돼(2012년 현재). 우리나라에 유학생을 보낸 나라의 수가 170개국이 넘는데, 중국 한 나라가 70퍼센트 가까이 차지할 정

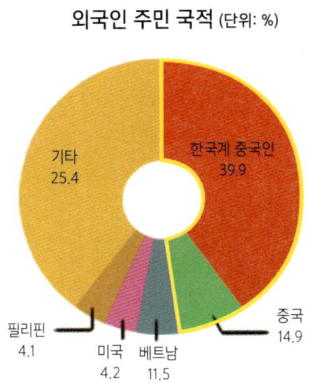

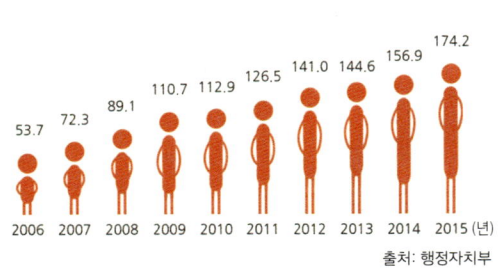

도지. 중국이 유학을 가장 많이 보내는 나라 1, 2위는 미국과 일본이야. 우리나라는 6위이지만 결코 적은 수는 아니지.

중국인이 한국 유학을 선호하는 이유는 무엇일까? 아무래도 한류의 영향이 커. 한류를 접하면서 한국어와 한국 문화를 알고 싶어지고, 그것을 직업으로 발전시켜 대학 졸업 이후 한국과 관련된 일을 하고 싶어 하는 사람이 늘어나고 있는 거지. 중국인들에게 한국은 문화적으로 가깝고, 안전하고, 생활비도 다른 나라들보다 적게 드는 편이라 유학하기에 꽤 괜찮은 나라라고 해. 한국인과 중국인의 국제결혼도 증가했어. 2012년에 두 나라 남녀의 결혼이 1만 건 가까이(9418건) 되었다는구나.

한중 수교 이후 국내 체류 중국인이 많아졌는데, 그 와중에 조선족의 수도 증가했어. 조선족은 조선 말기부터 일제 강점기 사이에 중국의 만주 지방으로 건너가 그곳에서 뿌리내리고 살았던 한민족이야. 지금은 중국의 55개 소수 민족 가운데 하나의 민족이지.

2012년 12월 현재, 45만 명의 조선족이 우리나라에서 살고 있어. 중국에 사는 조선족 인구 전체가 200만 명 정도이니까, 20퍼센트가 넘는 조선족이 우리나라에 와 있는 셈이지.

수교 이후 두 나라 사이에 경제 및 문화 교류가 활발해지면서 조선족의 역할도 함께 커졌어. 조선족은 중국어와 우리말을 둘 다 잘할 뿐 아니라 두 나라의 문화적 차이도 잘 알기 때문에, 두 나라 사이에서 가교 역할을 하고 있지.

2

중국의 정치에 대해 알아보자!

공산당을 상징하는 큰 별이 박힌 오성홍기를 볼 때마다
중국은 사회주의 국가라는 생각이 들어.
그러나 중국 사람들이 살아가는 모습을 보면
자본주의 국가에 사는 우리와 별로 다르지 않은 것 같아.

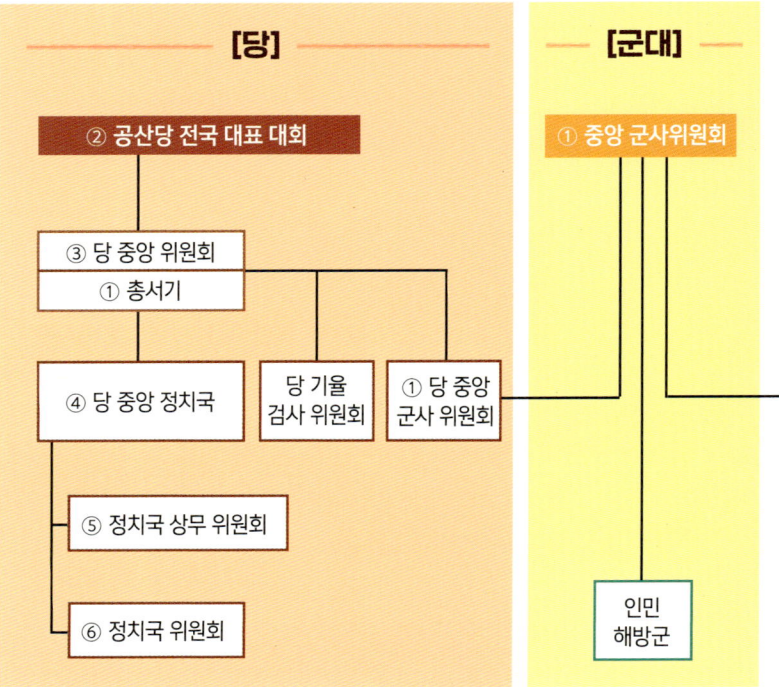

〔중국의 정치 제도〕

① 공산당 총서기가 당 중앙 군사 위원회장, 중앙 군사 위원회 주석, 국가 주석을 동시에 맡고 있다. 당 중앙 군사 위원회와 정부의 국가 중앙 군사 위원회에서 일하는 사람들은 동일하며 실질적으로는 같은 기구이다.

② 중국 공산당의 최고 의결 기구이다.

③ 중앙 위원은 약 200명 정도로 구성된다.

④ 당 중앙 위원회 아래 당 중앙 정치국이 있다. 당 중앙 정치국은 정치국 상무 위원회와 정치국 위원회로 구성된다.

⑤ 중국 권력의 핵심이다. 정치국 위원회에서 7명을 뽑아 구성되며 이들이 당, 정부, 군대를 움직인다.

그럼 중국 공산당이 국가를 어떻게 지배하고 다스리는지 살펴볼까?

중국 공산당은 당원이 9000만 명 가까이나 돼. 우리나라 전체 인구의 거의 두 배야! 이 많은 사람들이 함께 모여 회의를 할 수는 없잖아. 그래서 당원들이 전국 대표를 뽑아. 2200여 명으로 수를 확 줄여서 말이야. 우리나라 여의도의 국회 의사당처럼 베이징의 톈안먼 광장에는 '인민 대회당'이 있어. 전국 대표들이 이곳에 모여 회의를 하지. 이를 '중국 공산당 전국 대표 대회'라고 해.

국가에 일이 생길 때마다 회의를 소집할 수는 없잖아. 그래서 공

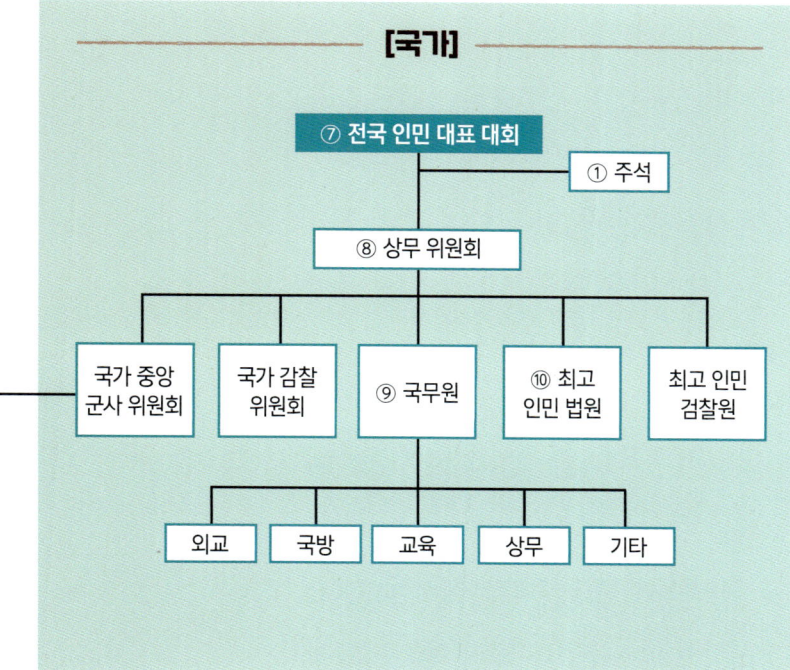

⑥ 정치국 위원회는 중앙 위원 중에서 25명을 뽑아 구성한다.

⑦ 중국의 의회 기관으로 입법과 감독 기능을 수행. 1년에 한번 약 3000여 명의 대표들이 모여 약 일주일에서 보름 정도 연례회를 개최한다.

⑧ 전국 인민 대표 대회가 1년에 1번 짧은 기간 동안 열리기 때문에 3000명 가운데 150명의 상무 위원을 선출해 의회 활동을 주도한다.

⑨ 국무원은 우리나라의 내각과 비슷한 곳이다. 국무원 아래 여러 부처가 있다. 국무원의 총책임자는 총리이며, 국가 주석이 지명한다.

⑩ 우리나라의 법원은 정부와 분리되어 있지만 중국의 법원은 공산당의 지도를 받는다.

산당 전국 대표 대회는 1년에 한 차례만 하고, 평소에는 전국 대표들 중에서 뽑은 약 200명의 중앙 위원들이 당 중앙 위원회를 열어 국가의 중대사를 결정해. 당 중앙 위원회 내에서 가장 핵심적인 기관은 당 중앙 정치국이야. 모두 25명으로 이루어지지. 이들 중에서 가장 권력이 센 7명을 뽑는데, 이들이 '정치국 상무위원'이야. 그리고 7명의 상무위원 중에서 중국 공산당의 최고 지도자가 정해지지. 우리나라 정당들은 가장 높은 사람을 '당 대표'라고 하는데, 중국 공산당은 '총서기'라고 해.

중국도 우리나라처럼 당연히 군대가 있어. '인민 해방군'이라고 불러. 하지만 엄밀히 말하면 국가의 군대가 아니야. 중국 공산당 소속의 군대지. 중국 공산당이 국가를 지배하고 있으니까, 인민 해방군을 국가의 군대라고 불러도 마찬가지긴 하지만 말이야. 중국 공산당의 최고 군사 조직을 '중앙 군사 위원회'라고 하는데, 중국 공산당의 총서기가 군사 위원회 주석도 주로 함께 맡아.

중국 공산당 아래에 국가가 있다고 했지? 우리나라의 대통령에 해당하는 사람을 중국에서는 '국가주석'이라고 하는데, 이 직위 역시 총서기가 맡아.

현재 중국 최고 지도자는 시진핑이야. 중국 중앙 텔레비전(CCTV)의 뉴스를 보면, 아나운서가 시진핑의 이름을 말할 때 보통 이렇게

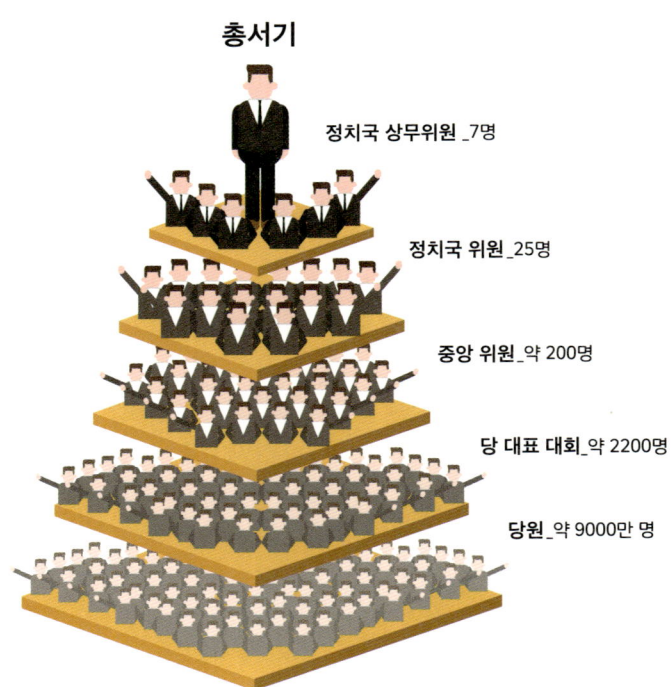

소개하곤 해.

"중국 공산당 중앙 위원회 총서기, 중국 공산당 중앙 군사 위원회 주석, 중화 인민 공화국 국가 주석, 시진핑……."

우리나라는 '○○○ 대통령'이면 되는데, 중국은 수식어가 정말 길지? 이번에는 중국의 국가 체제에 대해 살펴볼까? 우리나라의 국회에 해당하는 것이 '전국 인민 대표 대회(줄여서 전인대)'야. 여기에서 투표로 국가주석을 선출하지. 하지만 총서기가 국가주석을 겸임하기 때문에, 전인대의 투표는 형식적인 절차일 뿐이야. 전인대는 우리의 국회에 해당하는 입법 기관이지만, 그들이 스스로 입법을 하는 것이 아니라 중국 공산당의 중앙 위원회에서 입법한 안건을 최종적으로 통과시키는 역할을 해.

지금까지 살펴본 것처럼 중국은 중국 공산당이 지배하고 다스리는 나라야. 그래서 중국에 대해 '일당 독재 국가'라고 말하기도 하지. 중국의 최고 지도자인 중국 공산당 총서기는 상무 위원회 7명이 토론과 협의를 통해 정하는데, 국민이 직접 대통령을 선출하는 우리의 눈으로 보면 중국은 정말 독재 국가인 것 같아.

하지만 중국 공산당 당원이 전국 대표가 되고 중앙 위원이 되고 정치국원이 되고 상무위원까지 올라가는 과정은 결코 쉽지가 않아. 수없이 많은 평가를 받고 검증을 거쳐 최고 지도자 자리에 오른 사람들이 중국을 통치해 왔지. 그런 점에서 중국의 정치 제도를 '합리적인 독재'라고 평가하기도 한단다.

중국이 단일 민족 국가가 아니라고? 중국의 소수 민족 정책

2008년 베이징 올림픽 개막식 행사 때 흥미로운 프로그램이 많았지만, 그중에서도 가장 인상적인 장면이 하나 있었어.

수십 명의 어린이가 오성홍기를 들고 입장하는 장면이었지. 56명의 어린이가 56개 민족의 전통 의상을 입고 있었어.

중국은 다민족 국가야. 모두 56개의 민족으로 이루어져 있지.

하지만 이 가운데 단 하나의 민족이 압도적으로 많아.

어? 우리 민족도 '한민족'인데? 발음은 같아도 한자가 달라. 중국은 '漢', 우리는 '韓'이지.

무려 91퍼센트가 한족이란다.

이런 궁금증이 생길지도 모르겠구나.

에이, 91퍼센트면 단일 민족 국가나 마찬가지 아닌가요?

그런 생각이 들 수도 있어. 55개의 민족이 전체 인구의 9퍼센트밖에 안 돼서 '소수 민족'이라고 부르지.

소수 민족 9%
한족 91%

하지만 인구수로 따지면 1억 1000만 명이 넘어.

우아! 정말 많다!

소수 민족

대한민국 인구의 2배가 넘지. 1억이 넘는 인구를 '소수'라고 부르다니 대단하지?

〈중국의 주요 소수 민족〉

■ 인구
● 주요 거주지

후이족
■ 1000만 명
● 닝샤 후이족 자치구
(중국계 무슬림)

몽골족
■ 500만 명
● 네이멍구 자치구

위구르족
■ 830만 명
● 신장 웨이우얼 자치구
(중앙아시아 투르크계 민족)

조선족
■ 210만 명
● 옌볜 조선족 자치주
(한국계 중국인)

티베트족
■ 540만 명
● 티베트 자치구

만주족
■ 1000만 명
● 랴오닝성
(금나라를 세운 여진족 후손)

중국

좡족
■ 1800만 명
● 광시 좡족 자치구
(중국 최대 소수 민족)

출처: 미국중앙정보국

한족이 핵심적인 위치를 차지하고 있는 중국 공산당은 55개 소수 민족에게 자치를 허용하고 있어. 인구가 많은 5개 민족이 사는 곳은 '자치구', 그보다 규모가 작은 민족이 사는 곳은 '자치주', '자치현'이라 부르지. 겉으로 보기에는 한족과 소수 민족이 잘 지내는 것 같아. 하지만 속을 들여다보면 그렇지만은 않지. 자치구, 자치주, 자치현의 최고 지도자 자리를 한족이 차지하고 있거든. 실질적으로 한족이 지배하고 있는 거지. 그래서 늘 갈등이 잠재해 있어. 한족은 소수 민족에 대해 이렇게 생각해.

'우리 덕분에 가난에서 벗어났는데, 은혜를 모르다니!'

그러나 소수 민족의 생각은 달라.

'우리는 전통도 언어도 잃어 가고 있어. 자치를 허용해 준다면서 한족의 방식을 강요하지!'

때로는 잠재해 있던 불만이 폭발하기도 해. 티베트 자치구를 비롯해 신장 웨이우얼 자치구, 네이멍구 자치구 등 인구수가 많은 소수 민족 자치구에서는 시위가 일어나고 테러가 발생하기도 하지. 2008년 티베트 자치구의 수도 라싸에서 600여 명의 티베트인이 반정부 시위를 벌였어. 중국 경찰이 시위를 진압하는 과정에서 수많은 티베트인이 목숨을 잃었지(중국 정부의 사망자 집계는 13명, 티베트 측 통계로는 80명). 게다가 분신자살 사건이 100건이 넘게 일어나기도 했어. 중국 공산당은 소수 민족의 시위나 테러가 발생할 때마다 강경 진압을 하고 있어. 소수 민족은 인구수는 적지만 중국의 변경

(나라의 경계가 되는 변두리 땅)에 넓게 분포하고 있어. 그래서 철저하게 막지 않으면 언제 어떻게 한족을 위협할지 모른다고 생각하지.

티베트 시위가 발생하고 5개월 뒤에 2008년 베이징 올림픽이 열렸어. 개막식 행사 때 56명의 어린이가 56개 민족의 전통 의상을 입고 등장하자 사람들은 당연히 56개 민족의 어린이를 한 명씩 선발해서 무대를 꾸몄을 거라고 생각했어. 하지만 이 장면은 나중에 논란이 되었어. 알고 보니 56명 모두 한족 어린이였던 거야. 이 소식이 전해지자 세계인들은 중국이 눈속임을 했다며 비난했어. 마음만 먹었다면 56개 민족의 어린이를 모두 모으는 것이 그리 어려운 일도 아니었을 텐데 말이야. 중국이 겉으로는 "우리는 하나의 민족, 중화민족"이라고 선전하면서, 실제로는 소수 민족을 어떻게 대하고 있는지를 잘 보여 주는 사건이야.

중국은 부정부패가 왜 이렇게 심할까? 부패와의 전쟁

2008년은 티베트 시위, 베이징 올림픽 말고도 큰 사건이 하나 더 있었던 해야.
5월 12일에 쓰촨성에서 리히터 규모 8.0의
대지진이 일어났지.

사망자 7만 명
부상자 40만 명
실종자 2만 명
붕괴된 집 20만 동

사망자가 7만 명, 부상자가 40만 명, 실종자가
2만 명 가까이 되었고, 붕괴된 집이
20만 동이 넘었다고 해.

쓰촨성 주민들은 정부 당국을 비난하고 나섰어. 왜 그랬을까?

정부 나와라!

지진은 자연재해니까 어쩔 수 없는 면이 있지.
하지만 피해 규모가 이렇게까지 커진 이유가 따로 있었어.
바로 지방 정부의 부정부패 때문이야.

대지진으로 학교 건물이 7000칸 가까이 무너지는 바람에 교실에서 수업을 받던 아이들이 많이 죽었어. 그런데 그 이유가 지진 때문이기도 했지만, 부실 공사 때문이라는 비판이 제기되었어.

학교 건물을 규정대로 지었더라면 피해를 최소화할 수 있었을 텐데 말이야.

심지어는 학교 건물을 가리켜 '두부 교사(豆腐校舍)'라고 비아냥거리는 사람도 있었을 정도야.

두부 교사!

부정부패는 대지진 이후에도 계속되었어. 경찰 간부가 트럭을 이용해 구호물자를 빼돌리는 장면이 목격되었지. 그것도 여러 지역에서 말이야.

심지어 이재민에게 공급된 전용 텐트가 시장에서 버젓이 판매되는 일까지 있었단다.

판매

부정부패 척결!

가족도 잃고 삶의 터전도 잃은 데다 관리들의 부정부패까지 지켜봐야 했던 주민들의 심정이 어땠을까? 분노한 이재민들은 대규모 시위를 벌이기도 했어.

공무원의 부정부패는 어느 나라에나 있는 일이야. 하지만 대재난이 일어난 와중에도 공무원이 부정부패를 저지르다니, 놀랍지? 중국은 부정부패가 왜 이렇게 심한 걸까?

먼저, 중국은 중국 공산당이 지배하는 나라라는 점을 떠올려 보면 답을 쉽게 찾을 수 있어. 공산당원이 공산당원을 공무원으로 뽑으니, 그렇게 해서 공무원이 된 사람은 무소불위(하지 못하는 일이 없음)의 권력을 휘두를 수 있어. 중국에서는 언론이 기본적으로 중국 공산당을 대변하는 역할을 해. 공무원의 부정부패에 대해 비판을 하는 경우가 거의 없지. 그러니 중국은 부정부패를 막을 장치가 거의 없는 나라인 셈이야.

또 하나, 공무원의 보수가 너무 낮은 것도 문제야. 시진핑의 국가 주석 연봉은 우리 돈으로 2400만 원밖에 되지 않아. 중국 최고 지도자의 연봉이 우리나라 하급 공무원 수준이니, 다른 공무원의 연봉은 어느 정도일지 짐작되지? 부정부패의 유혹에 흔들리기가 쉬운 거지.

부정부패가 심해질수록 정부에 대한 국민들의 불신이 커지고, 중국 공산당의 통치 기반이 흔들릴 수 있어. 시진핑은 당 총서기가 되자마자 '부패와의 전쟁'을 선포했어. 부패 관리들을 세 부류로 나누었는데, 고위직 부패 관리를 '호랑이', 하위직 부패 관리를 '파리', 해외로 재산을 빼돌리는 관리를 '여우'라고 하고, 호랑이, 파리, 여우를 모두 때려잡겠다고 선언했지. 결국 2018년에 시진핑이 때려잡은 '호

랑이'들 중 최초로 사형 선고를 받은 사람이 나왔어. 한 지방 도시의 부시장인데, 우리 돈으로 약 1800억 원의 뇌물을 받았다는구나.

시진핑의 '부패와의 전쟁'에 많은 중국 국민들이 환호하고 있어. 기업인들 입장에서는 공무원에게 뇌물을 바치는 관행이 사라지면 그만큼 기업을 운영하기가 좋겠지. 시민들도 일선 공무원들에게 공정한 일 처리를 기대할 수 있게 될 테고 말이야. 하지만 시진핑의 노력이 성공을 거둘지 아직은 알 수 없어. 고위층에서 하위 공무원 사회에 이르기까지 부정부패가 아주 오래전부터 일상생활처럼 이루어지고 있기 때문이야. 이런 말이 있을 정도야.

"정말 부정부패를 뿌리 뽑고 싶다면, 대부분의 공직자를 퇴직시켜야 할 것이다!"

시진핑의 '부패와의 전쟁'은 성공할 수 있을까? 중국은 앞으로 부정부패 없는 투명한 사회를 향해 나아갈 수 있을까?

중국에서는 인터넷을 자유롭게 쓸 수 없다고? 중국의 인터넷 정책

해마다 6월 초가 되면 중국인들끼리 이런 말을 하곤 해.

5월은 31일까지 있잖아? 그럼 32일은? 6월 1일, 33일은 6월 2일……. 이렇게 헤아려 보면 답을 알 수 있지. 5월 35일은 6월 4일을 가리키는 거야.

1989년 봄 중국 베이징의 톈안먼 광장에서 대규모 반정부 시위가 일어났는데, 6월 4일에 중국 정부가 무력으로 진압했어.

최근 중국은 인터넷 사용자가 크게 늘고 있어. 우리나라의 경우 인터넷 사용자 수가 전체 인구의 90퍼센트인 반면, 중국은 60퍼센트 정도야. 우리나라에 비하면 비율이 낮지만, 인구수로 따지면 무려 8억 명 이상이 인터넷을 사용하고 있지.

인터넷 사용자 수가 늘수록 중국 정부는 인터넷 검열을 강화하고 있어. 우리가 중국에 가서 인터넷 포털 사이트에 접속을 한다고 가정해 보자. 톈안먼 사건이 알고 싶어서 검색창에다 '天安門(톈안먼)'을 입력하면 어떻게 될까? 톈안먼의 역사와 문화, 관광에 대한 소개 글 같은 것만 뜨지. 톈안먼 사건에 대한 정보는 없어.

중국 정부는 반정부 시위나 반정부 인사의 활동을 철저히 차단하고 있어. 예를 들어 티베트 자치구나 신장 웨이우얼 자치구 등 소수 민족의 자치구에서 일어난 시위나 테러를 지지하는 글, 2010년 반정

〔중국 인터넷 사용자 수와 보급률〕
출처: 중국인터넷네트워크정보센터

중국 정부의 인터넷 검열 강화와는 별개로 중국의 인터넷 사용자 수와 보급률은 꾸준히 증가하고 있다.

부 인사 류샤오보의 노벨상 수상 소식처럼 중국 정부에 불리한 뉴스는 삭제하거나 아예 검색조차 할 수 없게 하고 있지. 심지어 중국 SNS 공간에 한 이용자가 관료의 부정부패에 관한 글을 별생각 없이 올렸다가 검열 당국에 체포되는 일도 있었다고 해. 친구와 가족끼리 사용하는 사적인 공간인데, 자유롭게 자기 생각을 이야기할 수 없다니 안타깝구나.

세계인들이 가장 많이 사용하는 페이스북이나 트위터는 다른 나라 기업이 만든 SNS이니 중국 정부가 통제할 방법이 없잖아. 그래서 중국에서는 이 사이트들을 아예 차단해 버리고, 그 대신 중국 기업이 만든 SNS만 이용할 수 있게 하고 있지. 유튜브도 마찬가지야. 만약 너희들이 중국에 유학을 간다면 한국에서 즐겨 보던 유튜브는 볼 수가 없어. 또 한국으로 돌아온 뒤 중국 친구들에게 재미있는 유튜브 동영상을 링크 걸어 보내 주어도 그 친구들과는 함께 즐길 수가 없지. 중국에서는 유튜브 사이트가 열리지 않으니까 말이야.

이와 같이 외국 사이트에 접속할 수 없게 막는 중국의 인터넷 검열 시스템을 '만리방화벽'이라고 불러. '만리장성'과 '방화벽'의 합성어야. 중국 정부가 반정부적인 언론으로부터 중국 공산당을 지키기 위해 만들었지. 그런데 다른 한편으로는 국내 산업을 보호하는 역할을 해. 서구의 SNS가 발을 디디는 것조차 불가능하기 때문에, 텐센트, 바이두 등 중국 최대 IT 기업들이 빠르게 성장하는 데 중요한 작용을 하고 있지.

3

중국의 교우 관계를 살펴보자!

중국도 우리나라처럼 분단국가라는 사실 아니?
중국과 가장 친한 나라, 중국이 미워하는 나라,
중국과 1등을 다투는 나라 등, 중국의 대외 관계에 대해 알아보자.

중국의 가장 친한 친구는 북한일까? 중국과 북한

한국과 미국의 관계를 '혈맹 관계'라고 말하곤 해.

생사를 함께 나눌 정도로 가까운 사이라는 의미지.

북한에게도 한국의 미국처럼 혈맹 관계인 나라가 있어. 바로 **중국**이야.
중국은 1949년 중화 인민 공화국을 건국하고 얼마 지나지 않아 북한과 수교를 맺었어.

중국 공산당이 일본군과 맞서 싸울 때, 식민지 조선의 사회주의자들도 중국 만주에서 함께 싸웠어.

일본이 물러난 뒤 그들이 북한에 들어가 북한 사회주의 국가 건설의 주역이 되었기 때문에, 중국과 북한의 관계는 당연히 좋을 수밖에 없었지.

얼마 뒤 두 나라는 '혈맹'이라고 부를 정도로 더 가까워졌어. 한국 전쟁 때야.

중국은 '중국 인민 지원군'이라는 이름으로 파병을 해서 북한을 구해 주었지.

중국이 북한을 도운 건 사회주의 이웃이기 때문이기도 하지만, 더 큰 이유는 '순망치한'이라는 논리 때문이야.

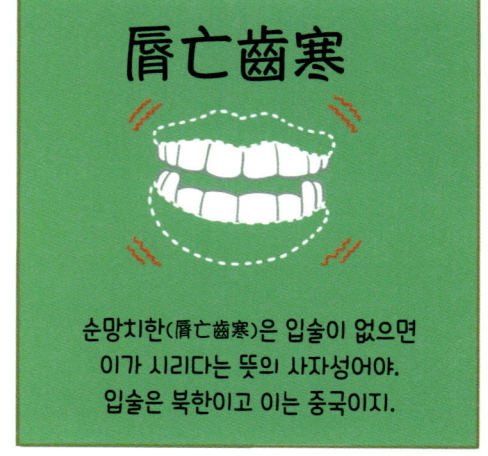

脣亡齒寒

순망치한(脣亡齒寒)은 입술이 없으면 이가 시리다는 뜻의 사자성어야. 입술은 북한이고 이는 중국이지.

북한이 무너지면 사회주의 국가 중국과 자본주의 국가 미국이 직접 마주하여 충돌할 위험이 있고, 그러면 중국이 전쟁터가 될 수도 있다는 거야.

이런 최악의 상황을 막으려면 한반도 안에서 전쟁을 끝내야 했어. 그래서 중국이 한국 전쟁에 참전한 거지. 임진왜란 때 중국 명나라가 조선에 구원병을 보냈다는 이야기, 들어 본 적 있니? 그때도 비슷한 이유로 참전했던 거야.

한국 전쟁이 끝나고 20년 가까이 지난 뒤, 중국과 북한 사이에 조금씩 틈이 벌어지기 시작했어. 결정적인 계기가 된 사건은 1972년 중국과 미국 지도자의 만남과 몇 년 뒤의 중미 수교였지.

'사회주의 국가들의 큰형님뻘인 중국이 어떻게 저럴 수가?'

북한은 중미 수교에 무척 당황했어. 그러나 중국으로서는 아주 현실적인 결정이었어. 소련을 견제하고 경제 발전을 이루려면 미국, 한국 등 자본주의 국가와 가까이 지내야 한다고 판단했던 거지.

중국에게 북한은 점점 짜증 나는 존재가 됐어. 자꾸 핵무기를 개발하니 중국의 안보에도 위협이 되었거든. 북한의 경제 상황이 나빠져 탈북자들이 중국을 떠도는 것도 골치가 아팠지. 이후 유엔(UN)이 핵무기를 개발하는 북한에게 제재 조치를 가하자 중국도 동참했어.

그러나 중국이 마음속으로까지 북한을 미워하는 건 아니야. 북한은 중국에 반드시 필요한 존재이니까. 냉전이 끝나고 소련 사회주의가 몰락한 뒤, 30년 가까이 미국이 세계 유일의 강대국으로 독주하고 있어. 중국이 미국의 독주를 견제하기 위해서는 북한이 필요해. 북한이 핵무기를 개발하고 핵 실험을 하는 것이 세계 평화에 위협이 되는 건 분명하지만, 북한의 핵 위협 때문에 미국이 동아시아에서 마음껏 제 뜻을 펴지 못하는 것도 사실이니까.

물론 중국의 입장에서도 북한이 핵무기를 개발하는 건 반대야. 동아시아에서 전쟁이 일어날 경우 중국도 심각한 피해를 입을 수 있으니까. 그래서 한편으로는 북핵 문제 해결을 위해 노력하면서 다른 한편으로는 북한을 달래기 위해 경제 지원을 하고 있지.

그런 와중에 2018년 6월 싱가포르에서 역사상 최초로 북미 정상 회담이 열렸어. 북한이 핵무기를 폐기하는 대신 미국이 경제 제재를 푸는 문제를 놓고 양국 정상이 논의를 했지. 이 과정에 중국도 예민한 반응을 보이고 있어. 북한이 미국과 너무 가까워지면 동아시아에서 중국의 위상이 약화될지 모른다는 우려 때문이야.

중국은 북한과 혈맹 관계임을 강조하면서 북미 협상이 중국에 유리한 방향으로 흐르게끔 애쓰고 있어. 북한 또한 미국과 가까워지면서도 중국과 멀어지지 않는 방법을 모색하고 있지.

중국과 세계 1위 자리를 놓고 다투는 나라는? 중국과 미국

'G2'라는 말, 들어 봤어? 'Group of Two'의 약자인데, 정치적·경제적으로 세계 최강대국인 두 나라, 미국과 중국을 가리키는 말이야.

미국과 중국은 경제 면에서도, 군사 면에서도, 세계에 끼치는 영향력 면에서도 1, 2위를 달리고 있어.

사실 중국은 200년 전까지만 해도 세계 최고의 강대국이었어.

그런데 영국을 비롯한 서양 여러 국가들이 산업 혁명에 성공하고 아시아를 식민지로 삼는 동안, 중국은 가난한 나라로 전락하고 말았지.

일본이 패망한 뒤에는 사정이 달라졌어. 중국 공산당이 대륙을 차지해 사회주의 국가를 건설하자, 미국은 타이완으로 옮겨 간 장제스의 중국 국민당 정권과만 외교 관계를 유지하게 된 거야.

한국 전쟁을 거치며 자본주의 진영과 사회주의 진영의 대립이 더욱 심해졌고, 중국과 미국의 대립도 마찬가지였지. 그런데 같은 사회주의 진영인 소련과 중국의 관계가 점점 나빠지더니, 1969년에는 군사적 충돌까지 일어났어. 이 사건이 중국과 미국이 가까워지는 계기가 되었지.

1971년 4월 일본 나고야에서 세계 탁구 선수권 대회가 열렸어. 이 대회에 중국과 미국 선수단도 참가했는데, 대회가 끝난 뒤 중국이 미국 선수단 15명을 베이징으로 초청했고, 두 나라 선수들 사이에 친선 경기가 열렸어. 한국 전쟁 이후 등을 돌리고 지내던 두 나라가 20년 만에 탁구를 통해 교류를 재개한 거지.

3개월 뒤에는 미국의 헨리 키신저가 베이징을 방문해 저우언라이와 회담을 했고, 이듬해인 1972년 2월 드디어 미국 닉슨 대통령과 중국 마오쩌둥 주석이 정상 회담을 가졌어. 탁구를 통해 그동안 막혔던 외교의 물꼬를 텄기 때문에 이 사건을 '핑퐁 외교'라고 해. 1979년 두 나라는 드디어 수교를 맺었고, 베이징에 미국 대사관이 개설되었어.

중국은 미국과 국교를 정상화하면서 자연스럽게 국제 사회에 복귀했어. 유엔 안전 보장 이사회의 5개 상임 이사국 자리 가운데 한

자리를 차지했지. 그동안 그 역할을 했던 타이완을 몰아내고서 말이야.

중미 수교 이후, 미국은 중국에게 경제적으로 무척 중요한 나라가 되었어. 2018년 현재, 중국이 세계에서 수출을 가장 많이 하는 나라는 미국이야. 반면 미국에게 중국은 세계에서 세 번째로 수출을 많이 하는 나라지. 중국이 미국에 수출하는 양이 미국이 중국에 수출하는 양보다 세 배나 많아. 미국은 대중 무역에서 엄청난 적자를 기록하고 있지. 그래서 최근에 미국은 무역 적자 폭을 줄이기 위해 중국의 수출품에 엄청난 관세를 부과하기 시작했어. 중국이라고 가만히 있겠어? 미국의 수출품에 똑같이 엄청난 관세를 부과하기 시작했지. 뉴스에서는 두 나라 사이에 무역 전쟁이 진행 중이라는 보도가 연일 터져 나왔고, 얼마 뒤 타협을 했다는 소식도 들려왔어. 두 나라는 앞으로도 계속 무역 전쟁과 타협을 반복하게 될 거야.

중국과 미국은 정치적·군사적으로도 아시아에서 힘겨루기를 하고 있어. 그러나 미국은 중국 14억 인구의 구매력을 무시할 수 없고, 중국도 초강대국 미국과 무작정 싸울 수는 없는 상황이라, 당장 전쟁이 난다거나 할 가능성은 높지 않지. 두 나라의 관계는 우리 한반도뿐 아니라 세계 질서에도 큰 영향을 끼치고 있기 때문에 앞으로 어떻게 전개될지 항상 지켜보아야 해.

중국 사람들은 왜 일본 사람들을 미워할까? 중국과 일본

우리나라 사람들은 일본에 대한 반감, 즉 반일 감정이 무척 큰 편이지? 중국의 반일 감정 역시 우리 못지않아.

우리나라가 일본의 식민지이던 시절, 중국도 일본의 침략을 받았어.

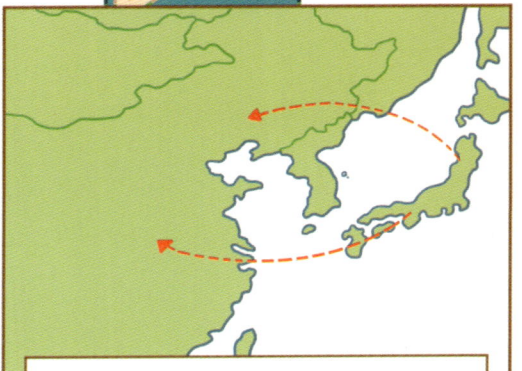

일본은 한반도 북쪽의 만주 지역을 침략해서 만주국을 세웠고, 중국 대륙의 동부 지역을 점령해서 친일 정부를 세웠지.

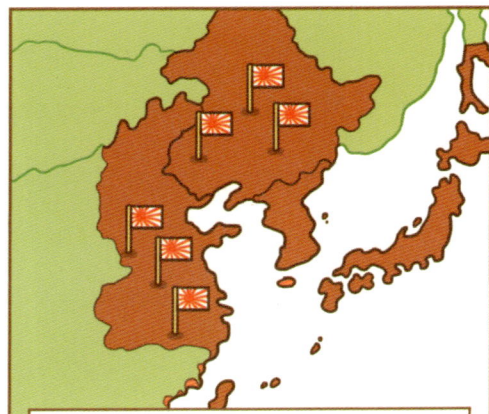

중국인들이 결코 잊을 수 없는 사건이 하나 있는데, 바로 '난징 대학살'이야. 일본군이 1937년 당시 중국의 수도였던 난징을 침략해 30만 명의 시민을 학살했지.

난징 대학살 기념관에는 땅속의 단면이 그대로 전시되어 있는데, 그 속에 엄청나게 많은 유골이 묻혀 있는 것을 볼 수 있어.

전시실에는 일본군 병사들이 웃으면서 중국인 죽이기 경쟁을 하는 사진도 있단다. 너무나 끔찍하지?

미소 냉전이 시작되면서 일본 역시 미국이나 한국처럼 처음에는 타이완과 수교를 맺었어. 중국과는 적대 관계를 유지할 수밖에 없었지.

그런데 중국과 미국의 핑퐁 외교 이후 중국과 일본도 그동안의 자세를 바꾸어 수교를 맺었어.

일본은 과거 중국을 침략했던 일을 깊이 반성한다며 중국에게 사과했고,

깊이 반성합니다.

배상을 요구하지 않겠습니다.

중국은 일본에 전쟁 배상을 요구하지 않기로 하면서 국교 정상화가 이루어졌지.

중국은 개혁 개방 이후 경제 대국 일본의 도움이 많이 필요했고, 일본은 중국이라는 거대한 시장이 매력적으로 다가왔지. 1978년 덩샤오핑이 일본을 방문하면서 두 나라 사이에 평화 우호 조약이 체결되었어. 이후 1980년대까지는 두 나라의 관계가 괜찮았어. 일본이 기술과 산업 면에서 중국을 많이 도와주었지. 당시 일본인 5명 가운데 4명이 중국을 좋아한다는 설문 조사가 있었을 정도야. 그러나 좋은 분위기는 오래가지 않았어. 개혁 개방 이후 10여 년이 흐르는 사이, 중국은 일본의 도움 없이 스스로 경제를 발전시킬 수 있는 조건을 갖추게 되었거든.

중국 정부는 과거의 역사를 끄집어내기 시작했어. 일본이 저지른 난징 대학살과 같은 만행에 대한 교육을 강화했지. 그러자 중국인들 사이에 일본에 대한 부정적인 여론이 들끓었어. 일본은 난징 대학살이라는 건 애초에 없었다며 우기기 전략으로 나왔지. 여기에 댜오위다오(일본인들은 '센카쿠 열도'라고 불러.)와 부속 도서의 영유권을 둘러싼 영토 분쟁 문제까지 터졌어.

두 나라는 1996년부터 "이 섬들은 우리 땅이야!" 하며 영토 분쟁의 불씨를 점점 키우고 있었어. 그런데 2012년 일본 정부가 개인 소유로 되어 있던 섬들을 국유화하자, 중국이 항의하고 나섰지. 중국 내에서 일본 제품 불매 운동이 일어났고, 일본 음식점이나 상점을 약탈하고 방화하는 사건까지 벌어졌어. 일본 대사관 앞 거리는 시위대로 넘쳐 났고 말이야.

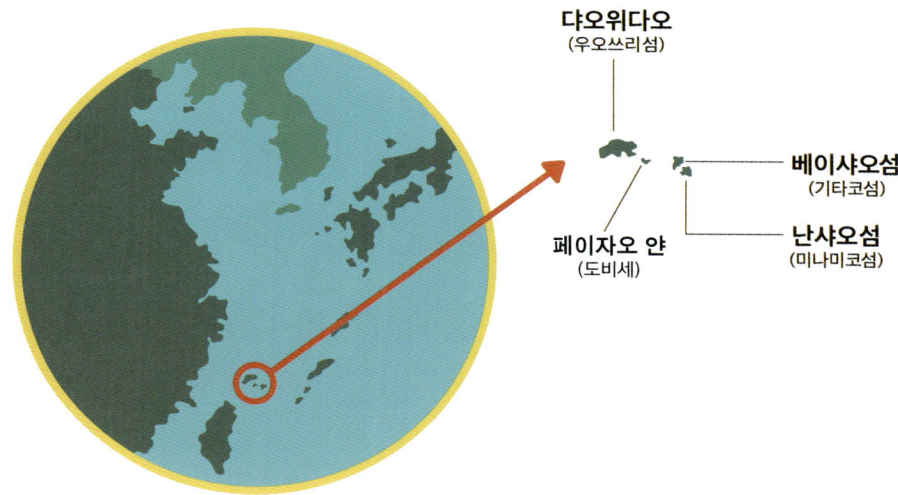

〔중국이 영해 기점으로 선언한 댜오위다오와 부속 도서〕

　일본 정부는 수습을 하기는커녕 이 분위기에 오히려 기름을 부었어. 2013년 아베 신조 총리가 야스쿠니 신사를 참배한 거야. 야스쿠니 신사는 제2차 세계 대전 전범들의 위패가 있는 곳인데, 일본 총리가 걸핏하면 참배를 해서 우리나라와 중국은 물론이고 아시아 여러 나라에 반일 감정을 부채질하곤 했지. 이렇게 사이가 냉랭하다 보니, 최근 몇 년 동안 두 나라는 정상 회담은커녕 고위급 외교 회담도 열지 않았어.

　두 나라는 정치적·외교적으로는 불편한 사이이지만, 경제적으로는 떼려야 뗄 수 없는 관계를 계속 유지하고 있어. 중국이 앞으로 일본과 역사 문제, 영토 문제를 어떻게 풀어 나갈지 궁금해지는구나.

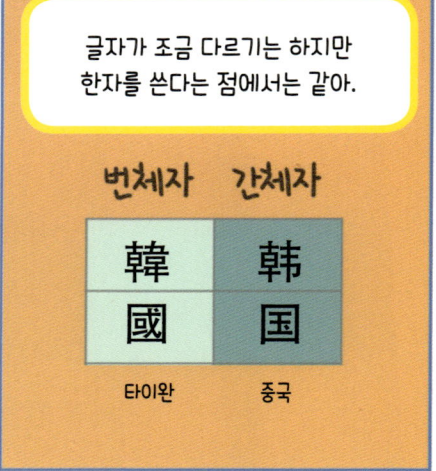
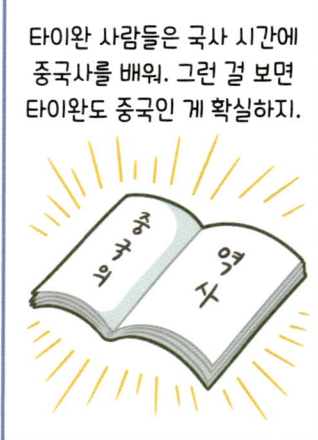

그런데 수백 년 전부터는 한족들이 그 섬에 건너가 살기 시작했지.

1894년 청일 전쟁 이후 타이완은 일본의 식민지가 되었어.

한편 대륙에서는 1911년 신해혁명이 일어났고, 그 결과 중화민국이 건국되었어. 아시아 최초의 공화국이야.

전국 각지에서 군벌(군부를 중심으로 한 정치 세력)이 일어나 나라가 조각났지만, 장제스가 이끄는 중국 국민당이 군벌들을 물리치고 통일에 성공했어.

그러나 중국 국민당은 부정부패를 일삼았고 국민들은 등을 돌리고 말았지.

결국 장제스는 중국 공산당에게 대륙을 내주고 떠날 수밖에 없었는데, 도착한 곳이 바로 타이완이야.

중국은 이렇게 해서 사회주의 체제를 내세운 대륙의 중화 인민 공화국과 자본주의 체제를 내세운 타이완의 중화민국으로 나뉘게 된 거야. 분단되었다는 점에서는 우리와 비슷하지만 지도를 보면 느낌이 확 달라. 대륙과 타이완의 면적이 비교할 수 없을 정도로 차이가 크니까. 그런데도 중화 인민 공화국이 타이완을 정복하지 않은 이유는 무엇일까? 타이완 뒤에 미국이 버티고 서 있었기 때문이야.

예전에 '아시아의 네 마리 용'이라는 말이 있었어. 1960년대부터 1970년대 사이에 급속하게 경제 성장을 이룩한 아시아의 네 나라를 가리키는 말인데, 여기에는 싱가포르, 홍콩, 한국과 함께 타이완, 즉 중화민국도 포함되었어. 그러나 중국이 자본주의 체제를 도입하면서 상황이 바뀌었어. 중국이 많은 인구와 자원, 넓은 영토를 토대로 엄청난 속도로 경제 성장을 거듭하면서 영향력을 키워 나가자,

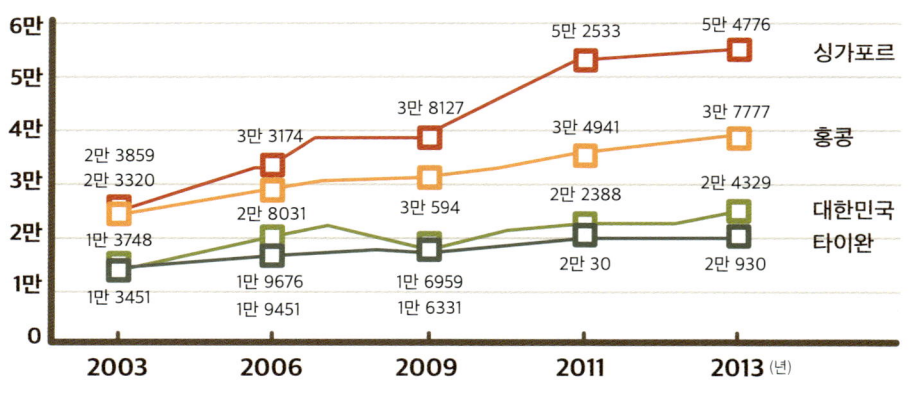

〔아시아 신흥 공업국 1인당 국내 총생산(GDP) 추이〕(단위: 달러)

출처: 국제통화기금

세계 나라들은 중국의 눈치를 보기 시작했지. 결국 대부분의 나라들이 타이완과 국교를 끊고 중국과 국교를 맺었어. 타이완은 유엔의 상임 이사국이었지만 그 지위를 중국에게 넘겨주어야 했어. 심지어는 유엔 회원국 자격마저 잃고 말았지.

중국은 이제 미국과 함께 G2라고 불릴 만큼 강대국이 되었어. 모든 면에서 타이완을 압도하게 되었고 말이야. 그러니 중국은 타이완을 차지하고 싶지 않을까? 중국 정부는 '하나의 중국'이라는 말을 쓰기를 좋아해. 중국인들이 만든 중국 지도를 보면, 타이완이 중국의 행정 구역 중 하나로 되어 있어. 속으로는 당장 타이완을 차지하고 싶을지 몰라. 하지만 전쟁을 일으키려면 너무 큰 희생을 치러야 하니까 일단 경제 협력과 문화 교류를 하면서 친하게 지내고 있지.

타이완에는 중국과의 통일 찬성론자도 있고 반대론자도 있어. 통일을 원하는 사람들은 '우리도 같은 중국인'이라는 생각을 하고는 있지만, 그렇다고 대륙에 흡수되기를 바라지는 않아. 독립을 원하는 사람들도 중국 정부를 자극하지 않으려고 조심하지.

미국은 중국과 타이완에 대해 모호한 태도를 취하고 있어. 두 나라의 관계가 이렇게 모호한 상태로 계속 유지되길 바라는 거야.

4

중국의 경제 상황을 알고 싶다!

다른 나라의 물건을 베끼기 좋아하는 '짝퉁' 천국인 줄만 알았는데,
중국은 어떻게 미국에 이어 세계에서 두 번째 경제 대국이 되었을까?

중국이 세계 2위의 경제 대국이라고? 중국의 경제 개요

앞에서 말했듯이, 중국은 세계 2위의 경제 대국이야.

세 계 2 위

미국이 오랫동안 국내 총생산(GDP) 1위를 지키고 있고, 중국은 2010년 일본을 앞질러 2위가 되었지.

순위	국가	GDP
1위	미국	19,362
2위	중국	11,938
3위	일본	4,884
4위	독일	3,652
5위	프랑스	2,575
6위	영국	2,565
7위	인도	2,439

(단위: 억 달러)
출처: 국제통화기금

중국은 1949년 이후 사회주의 국가가 됐어.

사회주의 종주국 소련과 동유럽은 경제 발전에 성공하지 못하고 몰락했어.

그런데 중국은 어떻게 해서 사회주의 국가이면서 경제 대국이 될 수 있었을까?

모든 계획은 국가가 세운다!

중국이 처음부터 경제 대국이었던 건 아니야. 중화 인민 공화국 건국 이후 30년 동안 사회주의 계획 경제를 실시했는데, 경제 발전 속도가 무척 더뎠어.

계획 경제를 계속 고집했다면 중국도 소련이나 동유럽처럼 되었을지 몰라. 그러나 중국은 다른 길을 선택했어.

이대로는 안 되겠어.

뭔가 방법이 필요해.

개혁 정책을 실시한 결과, 시장 경제가 점차 자리를 잡았어. 그러자 여기저기에서 빈부 격차가 심해진다며 불만이 터져 나왔지. 이때 덩샤오핑이 나서서 이렇게 말했어.

"검은 고양이든 흰 고양이든 쥐를 잘 잡기만 하면 된다!"

이게 무슨 말일까? 덩샤오핑은 '선부론(先富論)'을 주장했어. 모두가 가난하게 사는 것보다 부자가 될 수 있는 사람이 먼저 부자가 되는 것이 낫다는 거야. 1992년 중국 공산당은 다음과 같이 선언했어.

"우리는 사회주의 국가이지만 경제 체제는 시장 경제 체제다."

그렇게 해서 등장한 말이 '사회주의 시장 경제'야. 자본주의 시장 경제를 실시하되, 사회주의 이념으로 관리하겠다는 거지. 예를 들어 중국은 토지가 모두 국가 소유야. 하지만 개인이나 기업이 토지의 사용권을 사서 집을 짓거나 기업을 운영할 수 있게 해 주고 있어.

개방 정책을 발표한 이후 중국은 해외 기업에게 공장 부지도 제공해 주고 세금 감면 혜택도 주었어. 그러자 해외 기업이 대거 몰려왔지. 중국 기업은 해외 기업에게 많은 사업 노하우를 배우며 성장했고, 엄청난 양의 제품을 수출해 경제 성장 속도를 높였어. 그 결과, 2010년 일본을 앞질러 세계 2위의 경제 대국이 되었지. 중국 경제의 위상은 인터넷과 스마트폰의 경우만 보더라도 알 수 있어.

인터넷 업계의 경우, 중국을 대표하는 인터넷 기업으로 알리바바(Alibaba), 텐센트(Tencent), 바이두(Baidu)가 있어. 알리바바는 인터넷 전자 상거래 기업이고, 텐센트는 우리나라의 카카오톡과 비슷한

SNS 기업, 그리고 바이두는 네이버나 다음, 구글과 같은 포털 사이트 기업이야. 세계 10대 인터넷 기업에 이름을 올릴 정도로 영향력을 발휘하고 있지. 스마트폰의 경우, 중국에서 샤오미가 가장 유명해. 애플의 아이폰이나 삼성 스마트폰을 모방하면서 성장한 회사야. 그러나 창업한 지 몇 년 만에 중국 내에서 삼성 스마트폰보다 매출액이 더 높아졌어. 최근에는 화웨이처럼 샤오미를 앞지른 스마트폰 기업들도 생겨났어.

앞으로 10~20년 뒤에는 중국이 미국과 어깨를 나란히 하는 경제 대국이 되어 있을지도 몰라. 중국 경제의 현재와 미래에 대해 지속적으로 관심을 가져야 하는 이유지.

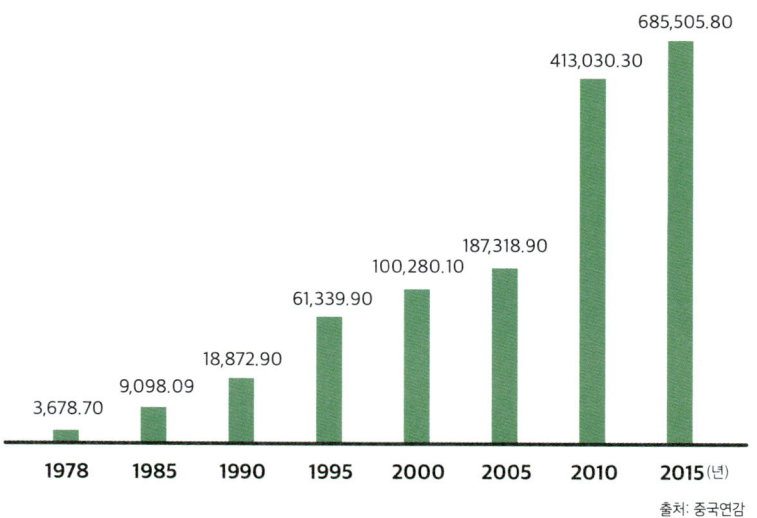

〔중국 국내 총생산(GDP) 추이〕 (단위: 억 위안)

출처: 중국연감

중국은 왜 실크 로드를 부활시키려고 할까? 중국의 일대일로 전략

시진핑은 중국 공산당 총서기가 되고 나서 이렇게 선언했어.

위대했던 중화 민족의 부흥을 꿈꾼다!

중국은 역사적으로 아주 오랜 시간 동안 세계 최고의 강대국이었어.

2000년 전 한나라 때 이미 제도와 문물의 기초를 다졌고, 그로부터 500여 년 뒤 당나라 때는 세계에서 가장 부유한 군사 강국이자 경제 대국이 되었지.

하지만 지금으로부터 약 200년 전, 서양의 군사적·경제적 침략에 밀리더니

땅만 넓고 인구만 많은 약소국으로 전락하고 말았지.

시진핑은 '당나라를 세계적인 강대국으로 만들어 준 것은 무엇일까?' 고민했지. 그것은 실크 로드였어. 실크 로드 부활이 위대한 중화 민족을 부흥시키는 길이라는 결론을 내렸지.

시진핑은 중국몽을 실현하기 위해 '일대일로' 프로젝트를 시작했어. '일대'는 육상 실크 로드, '일로'는 해상 실크 로드를 가리키는 말이야. 육상 실크 로드는 중국 신장 웨이우얼 자치구에서 시작해 서유럽까지 이어지는 길을 말해. 해상 실크 로드는 중국 동남해의 항구 도시들에서 출발해 역시 서유럽으로 이어지는 길을 말하지.

과거의 실크 로드는 육지에서는 사람이 직접 걷거나 말과 낙타를 이용하고, 바다에서는 배를 타고 항해하던 길이야. 21세기 실크

〔중국 육상·해상 실크 로드 '일대일로'〕

일대일로는 2049년 완성을 목표로 하고 있으며, 1조 400억 위안(약 185조 원)의 자금이 들 것으로 추정된다.

로드는 철도, 도로, 항만, 항공, 석유와 천연가스 파이프 등 인프라(생산이나 생활의 기반을 형성하는 중요한 구조물)가 구축되어야만 운용이 가능하지. 중국은 주요 선진국들과 함께 아시아 인프라 투자 은행(AIIB)을 만들었어. 일대일로 선상에 위치한 나라들이 철도, 도로, 항만 등을 건설할 수 있도록 돈을 빌려주려고 말이야.

그렇게 해서 기차와 자동차, 선박이 다니기 좋은 환경이 만들어지면, 사람이 다니고 물자가 이동하면서 새로운 수익을 창출하겠지? 이걸 투자국들이 가져가는 거야. 가장 큰 이득을 보게 될 나라는 일대일로에 가장 많이 투자한 중국일 거야. 하지만 개발 도상국들도 이참에 자기 나라에 인프라를 구축할 수 있으니 좋지. 그래서 약 70개국이 이 사업에 동참하고 있어.

그러나 중국의 일대일로 프로젝트를 비판하는 목소리도 높아. 중국이 다른 국가들의 우위에 서려 한다는 거지. 실제로 중국은 일대일로 프로젝트를 통해 중국의 서쪽과 남쪽, 즉 중앙아시아와 유럽, 동남아시아에서 정치적·군사적 영향력을 키워 나가려 하고 있어. 예를 들어, 최근 중국은 파키스탄과 스리랑카에 돈을 빌려주어 일대일로에 필요한 인프라를 구축할 수 있게 해 주었는데, 이 나라들이 돈을 갚을 능력이 없는 거야. 그럼 돈은 안 갚아도 되니 이용권을 넘기라고 했어. 이런 방식으로 주요 거점들을 자기 손에 넣고 있지. 중국은 일대일로 프로젝트를 통해 세계의 평화와 번영에 기여하게 될까, 아니면 패권 국가가 되어 세계를 지배하게 될까?

중국 청년들의 창업 열풍이 우리나라보다 더 뜨겁다고? 중국의 스타트업

중국 베이징에 '중관춘'이라는 지역이 있어. '중국의 실리콘 밸리'라고 부를 정도로 과학 기술과 첨단 산업이 발달한 곳이야.

알리바바의 창립자 마윈도 이곳에서 창업했고, 샤오미가 처음 생겨난 곳도 여기야.

중관춘에 가면 '처쿠(车库, 차고)'라는 이름의 카페가 있어. 이름이 자동차를 넣어 두는 '차고'인 것도 특이한데, 이 카페는 30위안(우리 돈으로 약 5000원)짜리 커피 한 잔만 사면 하루 종일 머물러도 괜찮아. 도대체 무엇을 하는 곳일까?

'처쿠(차고)'라는 이름에는 유래가 있어. 세계 최대 IT 기업이자 우리에게 아이폰으로 잘 알려진 애플의 창업자 스티브 잡스가 처음 창업한 장소가 차고인 것에서 아이디어를 얻었다고 해.

예비 창업자를 위한 공간으로 꼭 오프라인 공간만 있는 건 아니야. 인터넷 소셜 플랫폼도 있어. 온라인상에서도 전문가들에게 조언을 구하거나 투자자를 만날 수 있지. 중국에서 이렇게 창업 붐이 일고 있는 까닭은 무엇일까?

최근 우리나라 뉴스와 신문에서 '청년 취업난이 심각하다'는 이야기를 한 번쯤은 들어 본 적 있을 거야. 중국도 마찬가지야. 최근 10년 사이에 청년 취업난이 심각해졌어. 특히 2016년의 통계를 보면, 그해 대학 졸업생이 765만 명인데, 그중 4분의 3 정도만 취업에 성공했다는 거야.

중국의 경제 성장률이 2010년 이후 점차 하락하고 있는 것도 창업 붐의 한 원인이야. 중국은 새로운 기업의 창업이 새로운 성장 동력이 될 것이라고 판단하고 적극적으로 지원하기 시작했어.

2014년 중국 정부는 창업을 통해 경제 성장과 혁신을 이룩하고 일자리

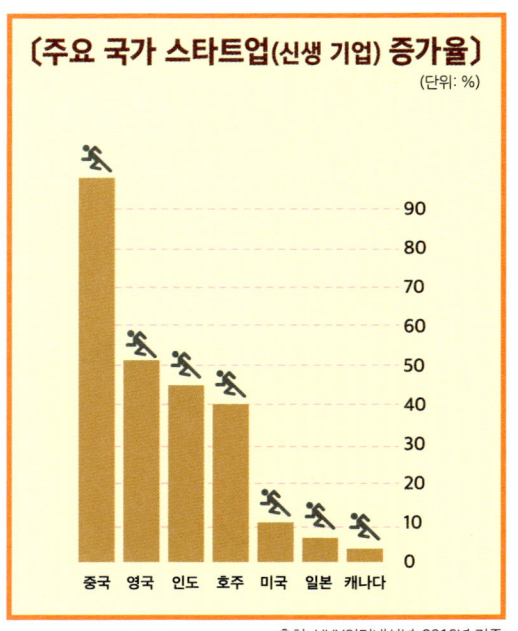

〈주요 국가 스타트업(신생 기업) 증가율〉
(단위: %)

출처: UHY인터내셔널, 2016년 기준

중국의 신생 기업 증가율은 다른 여러 나라 중에서도 월등하다.

를 창출하겠다는 목표를 발표했어. 그해에 1200만 개의 새로운 기업(스타트업)이 생겨났지. 하루 평균 3만 2800여 개가 생겨난 셈이야. 창업 기업의 81퍼센트가 IT, 교육, 문화 등 서비스 업종에 집중되어 있다고 해. 2014년에서 2015년 사이에 창업이 두 배가량 늘어났어. 많은 젊은이들이 세계적인 기업가로 성장한 중국 기업가들을 보면서 창업에 나서고 있어. 창업 열풍이 뜨겁다 보니, 해외 유학을 떠났던 중국 젊은이들이나 화교들이 중국으로 돌아오고 있다고 해. 이미 성장할 만큼 성장해서 발전이 더뎌진 미국이나 유럽보다 중국이 새로운 도전을 하기에 훨씬 좋은 곳이라는 거지.

중국의 창업 열풍은 중국 경제에 여러모로 긍정적인 역할을 하고 있지만 우려하는 시선도 있어. 중국 젊은이들이 창업 붐에 뛰어드는 건, 급여와 근무 조건이 좋은 일자리가 부족한 데다가 취직을 하는 것 자체도 쉽지 않기 때문이라는 거야. 그러니 '노느니 뭐해. 나라에서 지원해 준다니까 뭐라도 일단 해 보자.'라는 생각으로 창업에 뛰어드는 경우도 많지.

더 큰 문제는 창업 성공률이 그리 높지 않다는 거야. 알리바바의 마윈 회장이 중국 창업의 성공률이 5퍼센트도 안 된다며 '일단 시작하고 보자' 식의 창업은 경계해야 한다고 강조했을 정도야. 중국의 창업 열풍이 경제 성장과 혁신, 그리고 일자리 창출에 앞으로 계속 긍정적인 역할을 할지, 다른 사회 문제를 일으킬지 좀 더 지켜보아야 할 것 같구나.

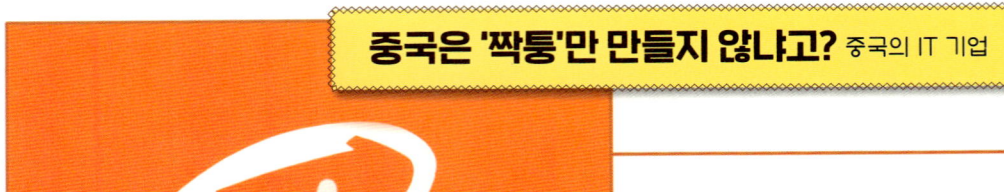

중국은 '짝퉁'만 만들지 않냐고? 중국의 IT 기업

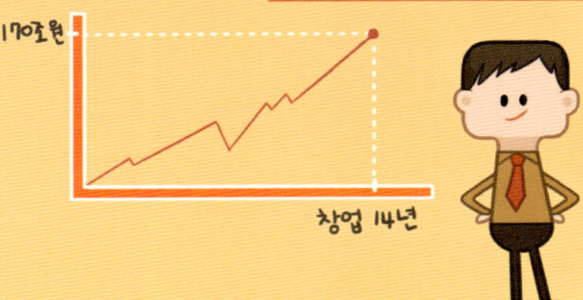

알리바바는 중국을 대표하는 인터넷 기업이야.

상장 기업 Google 1위, Alibaba 2위

2014년 뉴욕 증시에 상장하자마자 바로 구글에 이어 2위에 올랐고,

창업한 지 14년 만에 매출액 170조 원을 기록해 세계 최대 전자 상거래 기업이 되었지.

그런 알리바바가 최근 아주 큰 곤혹을 치렀어.

알리바바가 운영하는 온라인 쇼핑몰 타오바오의 상품 가운데 60퍼센트 이상이 가짜 물건, 즉 짝퉁이라는 조사 결과를 중국 정부가 발표했기 때문이야.

세상에! 뭐라고?!

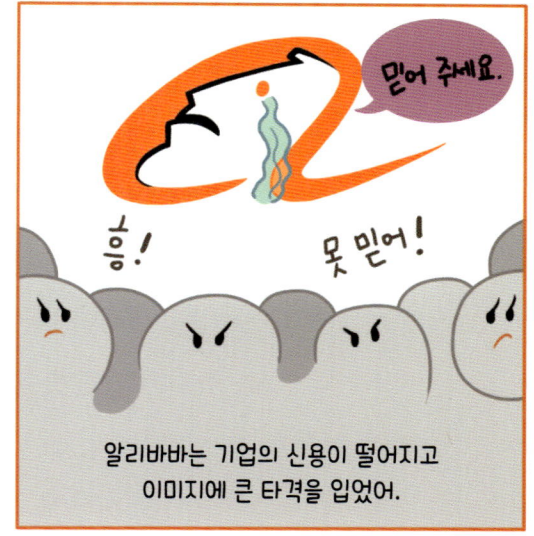

우리나라도 예전에 일본 제품을 베껴 만든 적이 있어. 문제는 짝퉁의 다음 단계야. 만약 중국 기업들이 짝퉁을 만드는 단계에서 만족하지 않고, 그 경험을 바탕으로 새로운 상품을 창조하는 단계로 한 걸음 더 나아간다면? 그래도 마냥 중국을 우습게 볼 수 있을까?

지금 중국에서 손에 꼽히는 대기업들 가운데 '짝퉁' 하면 가장 먼저 떠오르는 기업이 있어. 스마트폰으로 유명한 샤오미(小米)야. 샤오미는 2010년 설립된 회사야. 회사 이름의 한자를 보니 '작은 쌀'이지? 중국어로는 '좁쌀'이라는 뜻이야. 창업자 레이쥔이 동업자와 함께 좁쌀죽을 먹어 가며 창업했다고 해.

레이쥔이 스마트폰을 시장에 처음 선보인 건 2011년. 이 스마트폰을 보고 모두들 경악했어. 아이폰과 너무 똑같아 보였거든. 레이쥔은 아이폰을 얼마나 똑같이 흉내 내고 싶었는지, 제품 발표를 할 때도 스티브 잡스와 비슷한 스타일로 옷을 입었다고 해. '짝퉁 아이폰'을 만든 '짝퉁 스티브 잡스'라는 비아냥거림을 들을 각오를 하

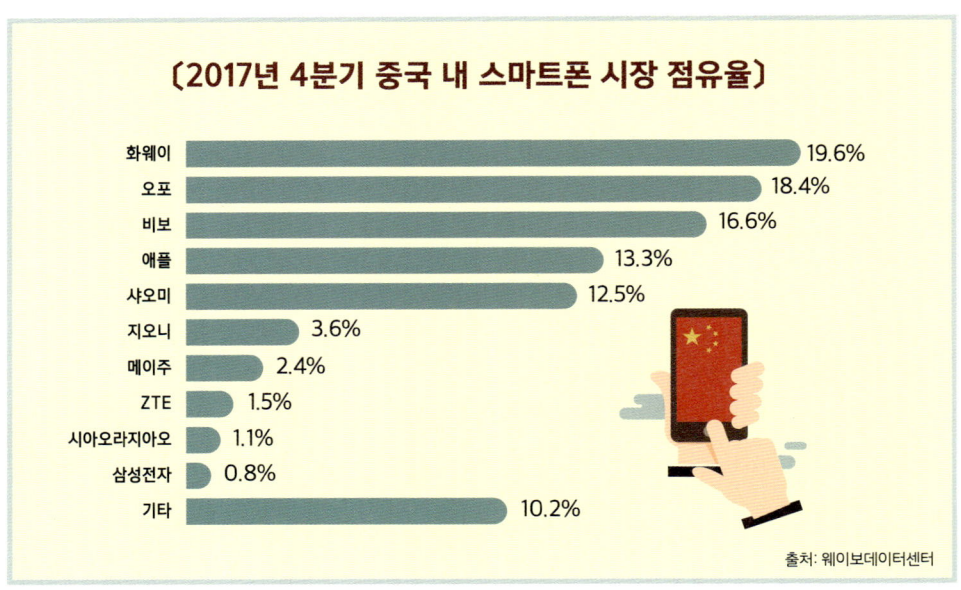

2017년 4분기 중국 내 스마트폰 점유율을 살펴보면 애플과 삼성전자를 제외하고는 모두 중국 기업이다.

고서 말이야.

　짝퉁 소리를 들었던 샤오미 스마트폰. 그런데 예상 밖에 큰 인기를 끌었어. 가격도 저렴하고 품질도 우수하고 디자인도 세련되어 2012년에 700여만 대가 팔렸지. 출시 3년이 지난 2014년에는 매출이 10배 가까이 늘어났어. 결국 그해에 중국 내 스마트폰 점유율 1위였던 삼성을 제치고 1위에 올랐어.

　샤오미 스마트폰은 앞서 출시된 스마트폰들과 성능에 큰 차이가 없는데 가격이 3분의 1, 2분의 1 정도야. 독자적인 기술을 개발하는 데 성공했기 때문이지. 삼성의 경우 구글의 OS를 사용하는 반면, 샤오미는 자체 OS를 보유하고 있어. 단말기값을 낮추어 다른 회사 제품과의 가격 경쟁에서 우위에 설 수 있었던 거야.

　샤오미는 스마트폰뿐 아니라 다양한 제품을 생산하고 있어. 공기 청정기, 에어컨, 정수기, 선풍기 등 가전제품 시장에서 높은 매출을 올리고 있지. 샤오미에 늘 따라붙는 신조어가 하나 있어. '대륙의 실수'라고. 샤오미의 문제점을 가리키는 말처럼 들리지만 정반대의 의미를 담고 있어. 샤오미의 제품이 대개의 중국 제품들과는 다르게 내구성도 좋고 성능도 우수하다는 걸 반어적으로 표현한 거지.

　중국은 여전히 짝퉁 상품이 넘쳐 나는 나라야. 아직도 중국 짝퉁 상품을 비난하는 뉴스가 많이 등장하고 있어. 그럴 때마다 샤오미의 사례를 한 번쯤 떠올려 보면 좋겠지?

5

중국의 사회 전반이 궁금해!

중국은 왜 이렇게 인구가 많을까?
중국의 학생들도 우리처럼 치열하게 공부한다고?
중국 글자는 왜 이렇게 어려운 거야?
중국 사회의 이모저모를 알아보자.

중국 도시에서는 농민들이 일한다고? 중국의 농민공

'이촌향도(離村向都)'라는 말 들어 봤어?
농촌 인구가 일자리가 풍부한 도시로 이동하는 현상을 말해.

일자리를 찾아서!
산업화

세계 어느 나라나 산업화를 거치는 동안 겪는 일이지.

중국에도 당연히 '이촌향도' 현상이 있어. 농촌을 떠나와서 도시에서 일하는 사람을 중국에서는 '농민공(農民工)'이라고 불러. '농민(農民)'이라는 말에 노동자를 뜻하는 '공(工)'을 합친 말이지.

농민공

중국은 개혁 개방 이후 엄청난 속도로 경제 성장을 이룩했는데, 주로 도시를 중심으로 이루어졌어.

개혁 개방
경제 성장

건설 현장이 많아져서 노동자가 많이 필요해졌는데, 그 역할을 한 이들이 바로 농민공이야. 공장에서 일하는 노동자들도 대부분 이들 농민공이고 말이야.

도시로 기업이 몰리면서 빌딩과 공장이 많이 필요했고, 그와 함께 도시민이 늘어나니까 아파트도 많이 필요해졌지.

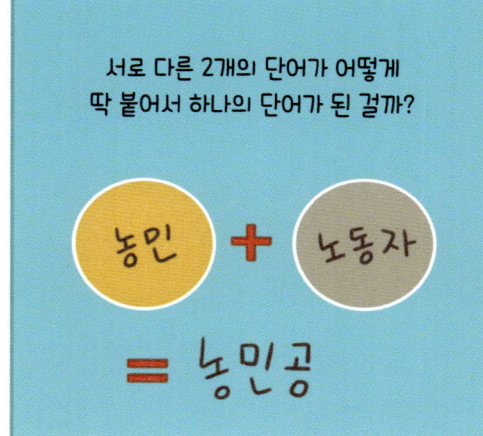

중국은 개혁 개방 이후 도시와 농촌의 빈부 격차가 커졌어. 농민들은 가난에서 벗어나기 위해 더 나은 삶을 찾아 도시로 향했지. 그러나 이들은 '노동자'로 바뀌는 것이 아니라 여전히 '농민'이야. 중국 특유의 '호구(戶口) 제도' 때문이지.

중국은 현재 14억 명이 넘는 인구 대국이야. 살고 싶은 곳으로 자유롭게 옮겨 살게 해 주면, 대부분 열악한 농촌을 떠나 살기 좋은 도시로 몰려들 거야. 그러면 산업의 가장 기초가 되는 농업이 붕괴되어 중국 경제에 악영향을 끼치게 되겠지. 그래서 중국 정부는 '호구 제도'를 통해 인구의 과도한 이동을 억제하고 있어.

중국인들은 태어나는 순간 자신의 호구가 정해지고, 기본적으로 자기가 태어난 행정 구역 내에서 살아야 해. 물론 농촌을 떠나 도시로 가는 것을 불법으로 여겨 처벌하지는 않아. 다만 도시에 가서 생활하더라도 호구는 계속 농촌인 거지. 그래서 이름을 '농민공'이라고 하는 거야. 호구가 농촌이면 어때? '농민공'이라고 불리면 좀 어때? 도시에 가서 취직해 일하고 잘 먹고 잘 살면 그만 아니냐는 생각이 들지 않아? 하지만 문제가 간단하지가 않아.

사회주의 국가 중국은 기본적인 사회 보장 제도를 실시하고 있어. 문제는 이 제도가 자기 고향에 계속 머물러 사는 사람에게만 해당한다는 거야.

농민들이 자기 고향을 떠나는 순간, 사회 보장 제도의 보호막이 사라지고 말아. 몸이 아파도 자기 돈으로 병원에 가야 하고, 자녀를 가르치고 싶어도 자기 돈으로 학교에 보내야 해. 물론 집도 자기 돈으로 직접 구입해야 하고 말이야. 가난에서 벗어나려고 도시에 온 농민공에게 병원, 학교, 집을 스스로 해결할 능력이 있을까?

그래서 농민공들 중에는 혼자 도시로 와서 지내는 경우가 많아. 돈을 벌어서 농촌에 있는 가족들에게 송금을 하지. 가족이 함께 오면 값비싼 임대료와 교육비 등 도시의 생활비를 감당하기 어렵기 때문이야. 혼자 지내는 건 어느 정도 가능해. 숙소와 식사가 제공되는 직장에 취직을 하면 어떻게든 지낼 수가 있지. 가장 큰 문제는 농민공의 건강 문제가 아닐까 싶어. 농민공이 일하는 곳은 대부분

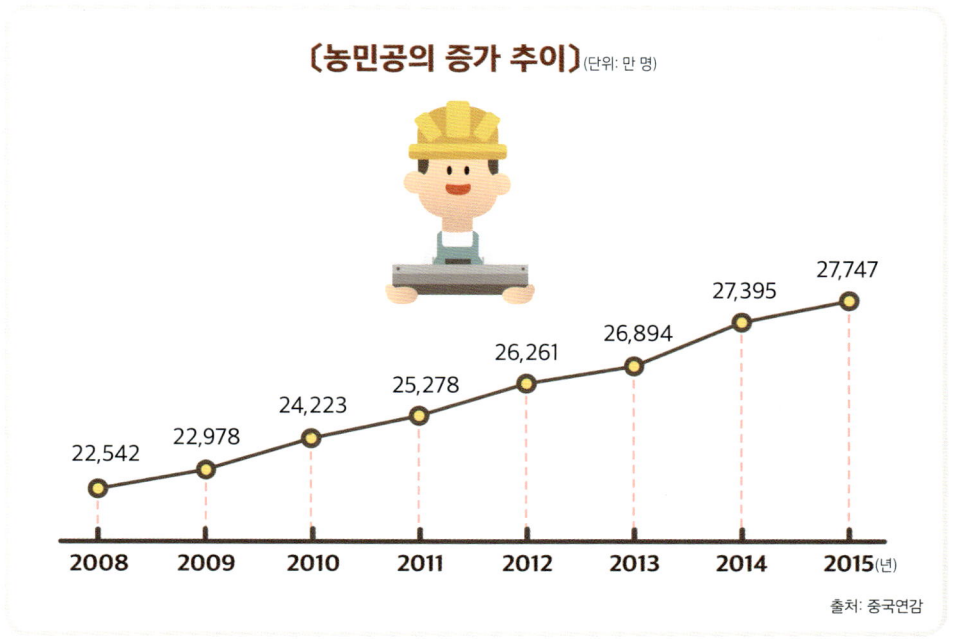

꾸준히 증가하고 있는 중국 농민공의 평균 연령은 39세로, 1980년 이후 출생한 젊은 세대 농민공이 절반에 가까운 49.7퍼센트를 차지한다.

국제 금융 도시이자 세계 4대 도시를 넘보는 중국 상하이 푸둥 지역의 전경. 농민공의 피와 땀이 배어 있지 않은 곳이 없다.

건설 현장이나 공장인데, 사고를 당해 몸을 다쳐도 의료 보험 혜택을 받을 수 없으니까 말이야.

 농민공의 현실이 이렇게 열악한데도 불구하고, 그래도 농촌보다 도시의 삶이 더 낫다며 도시로 몰려드는 농민의 수가 계속 늘고 있어. 2015년 농민공의 수는 무려 2억 8000만 명 가까이 되었다는구나.

 그런데 최근 들어 농민공 사회가 변화하고 있어. '신세대 농민공'이 등장했거든. 이들은 아버지 세대가 주로 일한 건설 현장이나 공장이 아니라 사무직을 더 선호해. 아버지 세대는 도시에서 돈을 벌어 농촌으로 돌아가는 경우가 많았지만, 신세대 농민공은 도시에

정착하려고 하지. 그러나 이들의 삶도 퍽퍽하기는 마찬가지야. 농민공들은 중국 정부에 처우 개선을 꾸준히 요구하고 있어. 시위와 파업을 벌이고 있지.

중국의 도시를 여행하다 보면 엄청난 규모의 화려한 빌딩 숲을 자주 보게 되는데, 사실 이 모두가 농민공의 피와 땀으로 이루어진 거야. 농민공이 없었다면 중국이 지금과 같은 경제 성장을 이룩하지 못했을 거야. 그런 점을 감안하면 농민공에 대한 중국 정부의 배려가 너무 부족한 게 사실이지. 농민공 문제, 중국 정부는 앞으로 어떻게 풀어 나갈까?

중국에서는 한 명 이상 낳으면 안 된다고? 중국의 인구 정책

"딸·아들 구별 말고 둘만 낳아 잘 기르자!"
1980년대에 국민학교(지금의 초등학교)를 다닐 때 학교에서 이런 표어를 주제로 포스터를 그렸던 기억이 나.

나도 오빠랑 두 명인데!

둘도 많다!

지금은 인구가 너무 안 늘어서 걱정인 시대이지만, 30여 년 전만 해도 인구가 너무 빠르게 늘어서 우리나라도 이런 캠페인을 벌이기도 했지.

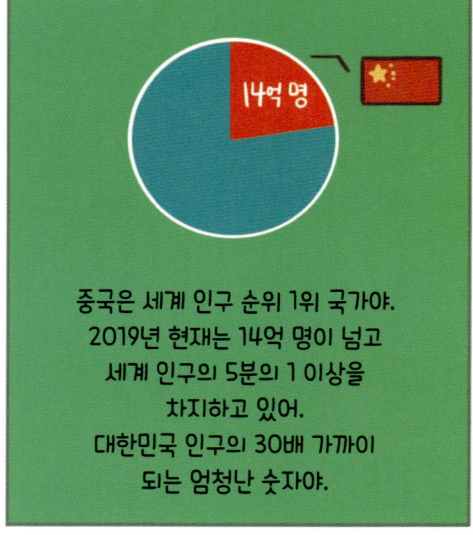

14억 명

중국은 세계 인구 순위 1위 국가야. 2019년 현재는 14억 명이 넘고 세계 인구의 5분의 1 이상을 차지하고 있어. 대한민국 인구의 30배 가까이 되는 엄청난 숫자야.

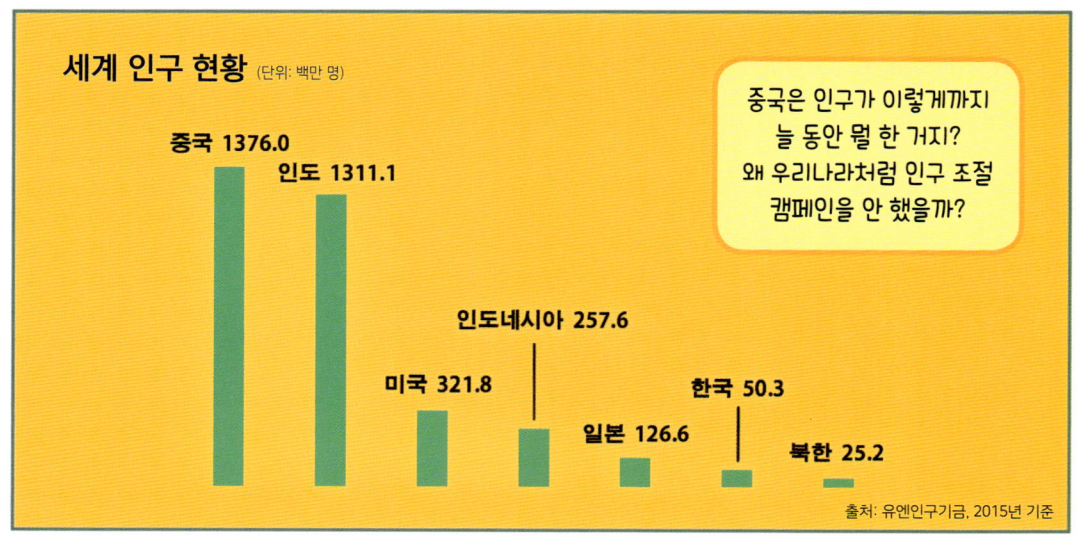

세계 인구 현황 (단위: 백만 명)

- 중국 1376.0
- 인도 1311.1
- 미국 321.8
- 인도네시아 257.6
- 일본 126.6
- 한국 50.3
- 북한 25.2

중국은 인구가 이렇게까지 늘 동안 뭘 한 거지? 왜 우리나라처럼 인구 조절 캠페인을 안 했을까?

출처: 유엔인구기금, 2015년 기준

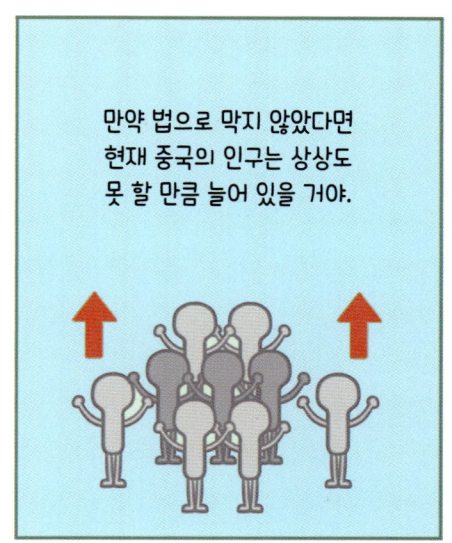

중국 정부는 이때부터 '계획생육'이라는 정책을 시작했어. 정부가 나서서 출산을 조절하겠다는 거지. 가장 먼저 내세운 표어가 '만(晚), 희(稀), 소(少)'야. 출산의 시기를 늦추고(만), 아이를 낳은 뒤 그다음 아이를 낳을 때까지 터울을 길게 하고(희), 아이를 적게 낳으라(소)는 거지. 이 캠페인은 일정한 성과를 거두었지만 근본적인 대책은 되지 않았다고 해.

1980년 중국 정부는 드디어 칼을 빼 들었어. '한 자녀 정책', 즉 아이를 하나만 낳으라는 거야. 이때는 하나만 낳으라고 '권장'하는 것이 아니라, 둘 이상을 낳으면 '처벌'하겠다는 것이었지.

당연히 국민들의 불만이 컸겠지? 중국 정부는 몇 가지 예외 조

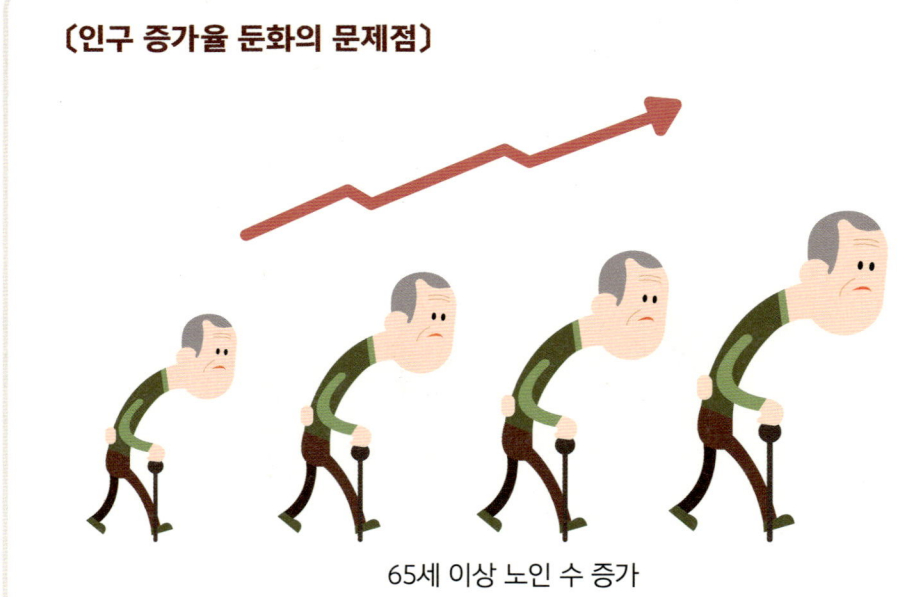

〔인구 증가율 둔화의 문제점〕

65세 이상 노인 수 증가

항을 만들었어. 소수 민족들이 "우리 민족을 말살하려는 거냐?"라고 항의하자, 소수 민족의 경우 '한 자녀 정책'에서 제외했어. 어차피 소수 민족은 전체 인구의 8~9퍼센트 정도이니 큰 문제가 안 된다고 판단했지.

그다음으로 농촌 가정의 경우 둘까지 낳는 것을 허용했어. 일손이 많이 필요한 농촌의 현실을 무시할 수 없었으니까. 또 도시의 가정에도 예외 조항을 두었어. 부모 양쪽이 모두 형제자매가 없는 경우에 한해 둘까지 낳을 수 있게 허용해 준 거야.

한 자녀 정책은 큰 성공을 거두었어. 합계 출산율(여자 한 명이 가임 기간인 15~49세에 낳을 것으로 기대되는 평균 출생아 수)이 1970년에 5.5

아이 수 감소

2018년 상하이의 훙차오역. 춘절에는 기차를 이용하기 위해 몰려드는 사람이 하루에만 1000만 명 이상 되기도 한다.

명이었는데, 2010년 1.54명으로 4분의 1 수준으로 줄어든 거야. 중국 인구가 14억 이상이라고 하면 너무 많다고 생각하겠지만, 경제학자 마인추가 예견한 것과 비교하면 그나마 나은 셈이지.

그러나 인구 증가율이 낮아지면서 중국도 우리나라와 일본처럼 고령화 문제가 대두되었어. 2010년에 60세 이상 고령 인구의 비율이 13퍼센트가 넘었을 정도야(한국의 60세 이상 인구는 2015년 19퍼센트에 이름).

결국 중국 정부는 계획생육 정책을 한 번 더 수정해야 했어. 2012년 '한 자녀 정책'을 좀 더 완화해서 부모 가운데 한 명만 형제자매가 없으면 둘까지 낳을 수 있게 해 주었지. 그리고 2015년에는 농촌과 도시 가릴 것 없이 모든 부모가 둘까지 낳을 수 있도록 허용했고 말이야.

    인구가 14억이 넘는 나라가 인구 증가율의 정체를 걱정하고 있는 현실이 참 아이러니하구나. 중국의 계획생육 정책이 앞으로는 어떤 방향으로 바뀔지 예측할 수 없어. 우리나라와 일본처럼 인구 증가가 정체되어 고령화가 더욱 심화될 경우, 중국 정부가 국민들에게 아예 마음껏 낳으라는 캠페인을 하는 날이 올 수도 있을까?

중국 학생들도 우리만큼 치열하게 공부한다고? 중국의 교육 제도

중국의 학교 제도는 우리나라와 거의 똑같아. 학교 명칭만 다를 뿐이야.

중국의 어린이도 우리처럼 맨 처음에는 유치원을 다녀. 중국에서는 '유아원'이라고 부르지.

의무 교육이 시작되는 건 우리나라처럼 초등학교부터야. 중국에서는 '소학교'라고 해.

우리의 중학교와 고등학교를 합쳐 중국에서는 그냥 '중학교'라고 해. 이걸 둘로 나누어 '초중학교'와 '고중학교'로 구분해 부르는데, 초중학교는 우리의 중학교, 고중학교는 고등학교에 해당하지. '대학교'는 똑같고.

중학교 → 고등학교

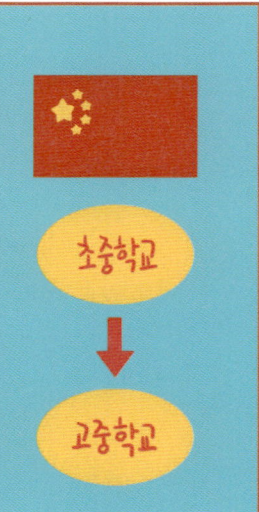

초중학교 → 고중학교

학교 다니는 기간도 6년(초등학교/소학교) → 3년(중학교/초중학교) → 3년(고등학교/고중학교) → 4년(대학교)으로 우리와 같아.

초중학교(중학교)까지 의무 교육인 것도 두 나라가 같지.

다른 점이 있다면, 우리나라처럼 수업이 봄에 시작해서 겨울에 끝나는 것이 아니라, 미국처럼 9월에 시작해서 다음 해 봄에 끝난다는 것 정도?

대학 입학시험을 보는 시기도 우리나라와 다를 수밖에 없겠지? 우리나라는 11월 둘째 주 목요일 또는 셋째 주 목요일에 치르는데, 중국은 6월 초, 정확히는 매년 요일에 관계없이 6월 8~9일 이틀간 치르지.

중국은 대학 입학시험을 '보통 고등학교 초생 전국 통일고시'라고 해. 보통은 줄여서 '가오카오(高考)'라고 하고. 우리의 대학 수학 능력 시험(수능)에 해당하지.

2016년의 경우 약 940만 명이 가오카오에 응시했어. 중요한 건 수험생들은 현재 살고 있는 곳이 아니라 자기 호구가 있는 지역으로 가서 시험을 봐야 한다는 거야. 가오카오에서도 호구 제도가 철저히 지켜지고 있는 것이지.

그래서 중국에서는 가오카오 때 수험생이 고사장에 도착하는 것이 여간 어려운 일이 아니야. 수험생 한 명을 위해 온 가족이 동원되는 경우도 적지 않다고 해. 먼 지역의 고사장으로 이동하기 위해 기차나 비행기를 타기도 해. 하루 전날 도착해 여관에서 자거나, 여관에 빈방이 없으면 고사장인 학교에 미리 가서 운동장에 텐트를 치고 자는 수험생 가족도 있다고 해. 고사장 밖에서 가족들이 수험생 자녀를 위해 기도하는 모습은 우리와 비슷한데, 교문에 엿을 붙이

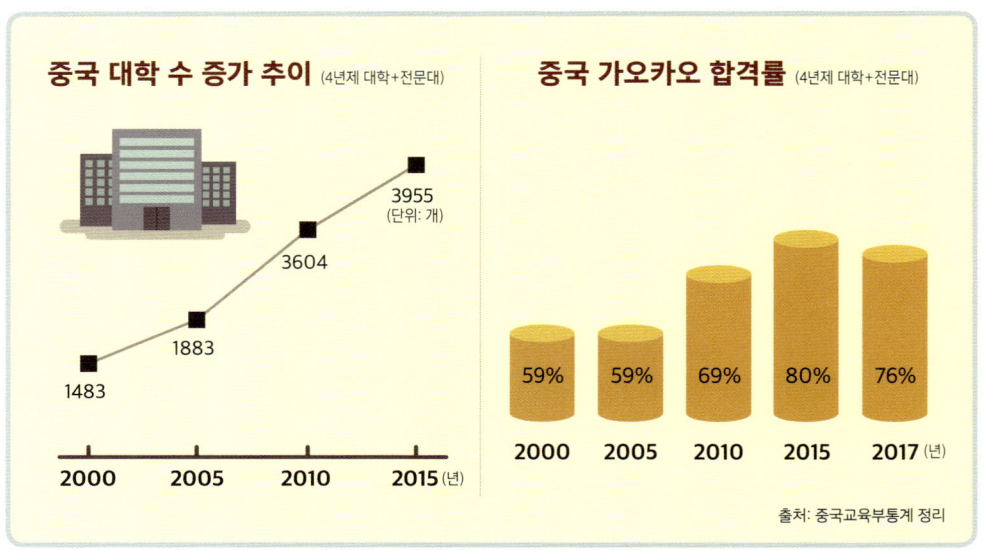

중국의 대학 수가 꾸준히 증가하고 있으며 대학 합격률 역시 증가하고 있는 추세이다. 중국도 한국만큼 교육열이 뜨겁다는 것을 짐작할 수 있다.

는 대신 떡을 최대한 높게 쌓아 합격을 기원한다는구나.

가오카오는 총 750점 만점이야. 우리의 수능과 비교해서 특이한 건 외국어 영역이야. 우리나라는 영어 시험만 보지만, 중국에서는 영어, 일본어, 러시아어, 프랑스어, 독일어, 에스파냐어 중에서 하나를 선택한다고 해. 영어의 비중이 두 나라가 다르지?

가오카오는 우리의 수능과 시험 과목 말고도 다른 점이 있어. 먼저, 우리와 다르게 내신 성적이 반영되지 않아. 그래서 학생들은 이 한 번의 시험에 모든 걸 걸어야 해. 중국에서는 가오카오가 아니면 대학에 입학할 방법이 없는 거야. 우리나라는 수시 모집도 있고 논술 전형도 있지만 중국은 그런 제도가 없지.

단 한 번의 가오카오 성적에 따라 대학 입학 여부가 정해지니까 그 긴장감과 무게감이 수능에 비해 훨씬 크다고 할 수 있어. 그래서 유명 인사들이 가오카오 수험생들에게 응원의 메시지를 남기는 것이 흔한 일이야. 세계적인 물리학자 스티븐 호킹도 중국판 트위터 '웨이보'에 응원의 메시지를 남겼을 정도란다.

가오카오의 무게감이 이렇게 크다 보니, 부정행위가 많고 부정행위를 막기 위한 조치도 굉장히 엄한 편이야. 고사장 입구에서 수험생은 공항처럼 검색대를 통과해야 하고 몸수색을 받는다고 해. 심지어 고사장 안에 안면 인식과 지문 검사 시스템을 도입할 정도야. 부정행위를 하다 적발되면 최고 7년의 징역형에 처할 수 있도록 2015년에 법이 개정되었대.

중국 글자는 왜 이렇게 어려운 걸까? 중국어

중국어를 공부해 본 적 있어?

한자 공부만 해 본 친구는 이런 말을 할지도 모르겠구나.

한자랑 중국어랑 같은 거 아닌가요?

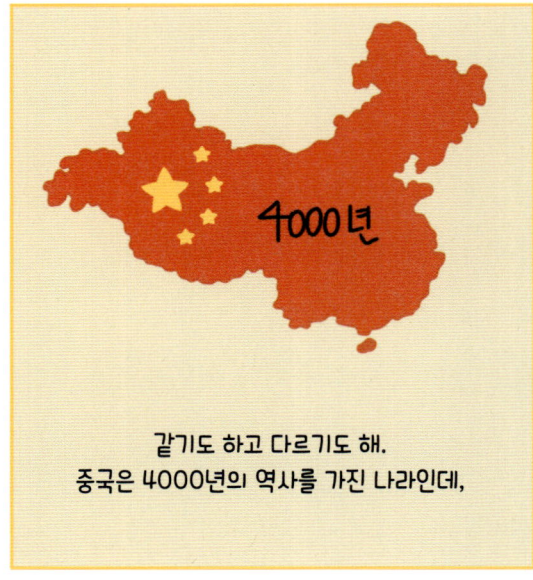

같기도 하고 다르기도 해.
중국은 4000년의 역사를 가진 나라인데,

그동안 중국 고유의 문자를 사용해 왔어. 그걸 '한자'라고 해.

한자들이 모여 이루어진 문장이나 글을 '한문'이라고 하지.

学而时习之不亦说乎
(배우고 때때로 익히면, 또한 기쁘지 아니한가?)

우리나라도 한글만큼은 아니지만 한자를 많이 사용하고 있어. 한글 이름을 가진 친구가 아니라면 한글과 한자로 이름을 쓸 수 있지.

난 한자도 쓸 줄 모르는데.

난 알지!

'중국어'는 '한자'와 좀 달라. 중국어는 현재의 중국인들이 사용하는 언어를 가리켜. 말과 글 다 포함해서 말이야.

중국인 친구와 만나 대화를 하거나, 중국에서 유학을 하거나, 한글 자막이 없는 중국 영화와 드라마를 보려면 중국어 공부를 반드시 해야 하지.

현대 중국어를 공부하려면 두 가지를 꼭 기억해야 해.

첫째는 '보통어'라는 개념이야. 우리로 치면 '표준어'지. 어느 나라든 지역마다 언어의 차이가 있기 때문에 의사소통을 잘 되게 하고 국가의 통일성을 유지하기 위해 표준어를 정해. 우리나라도 표준어가 있지? "교양 있는 사람들이 두루 쓰는 현대 서울말"을 표준어라고 정했어.

중국은 우리나라보다 표준어의 필요성이 훨씬 커. 면적이 유럽 전체와 맞먹을 정도이기 때문에 다른 지역 사람들이 만나 각자 자기네 방언을 사용하면 아예 못 알아들을 수 있거든. 에스파냐 사람과 독일 사람이 의사소통을 할 수 없는 것처럼 말이야.

중국인들은 소학교 때부터 보통어를 배워. 초중학교까지 의무 교육을 마친 사람들은 대부분 기본적인 보통어를 사용할 수 있어. 중국의 저 북쪽 끝에 사는 사람과 저 남쪽 끝에 사는 사람이 만나도 보통어를 사용하면 의사소통에는 아무 문제가 없는 거지. 외국인도 마찬가지야. 보통어를 배우면 중국 어디를 여행하든 기본적인 의사소통에 큰 문제가 없단다.

두 번째로 기억해야 할 건, 현재 중국인들이 사용하는 문자는 우리가 아는 한자와 다르다는 거야.

"저는 중국어 공부를 해 본 적은 없지만, 한자는 많이 알아요. 그럼 중국인과 종이에 한자를 써 가면서 대화를 나눌 수 있지 않을까요?"

〔중국 언어 분포 현황〕

*중국 대부분 지역에서 베이징의 관화를 기초로 하지만, 다른 언어를 사용하는 지역도 무시하지 못할 만큼 비중이 높다.

출처: 중국 언론 및 관련 자료 종합

A 관화
한족 전체 인구의 약 70퍼센트(약 9억 2000만 명)가 쓰는 말.

B 우어
한족의 약 8.4퍼센트(약 1억 1000만 명)가 사용한다. '장난 말', '저장 말'이라고도 불린다.

C 커자어
한족의 약 5퍼센트(약 6600만 명)가 쓰는 말로, 해외 화교들 중에서 사용자가 많다.

D 민어
한족의 약 4.5퍼센트(약 5900만 명)가 쓰는 말. 고대 한어에 가장 가까운 중국 방언이다. 방언 가운데 발음이 가장 복잡하다.

E 웨어
한족의 약 5퍼센트(약 6600만 명)가 사용하며, '광둥어'라고 부르기도 한다. 광둥, 홍콩, 마카오, 광시, 푸젠, 그리고 타이완 일부에서 사용한다.

F 샹어
한족의 약 5퍼센트(약 6600만 명)가 사용하며, '후난 말'이라고 부르기도 한다.

G 강어
한족의 약 2.4퍼센트(약 3100만 명)가 사용하는 말. '장시 말'이라고 불리기도 한다.

이런 걸 '필담'이라고 하는데, 아주 불가능한 건 아니지만 만만치는 않아. 왜 그런지 살펴보자.

중국은 중화 인민 공화국 성립 이후 문자 개혁을 했어. 한글과 달리 한자는 쓰기가 너무 어려워. 게다가 글자 수도 수만 자나 될 정도로 엄청나게 많고. 물론 2000자 정도의 기본 한자만 알면 일상생활에 큰 불편은 없지만, 그조차도 공부하기가 쉽지 않지. 그러니 국민들의 문맹률이 높을 수밖에.

중국 정부는 문맹률을 낮추기 위해 많은 고민을 했어. 그 결과, 한자를 간략하게 만들기로 했지. 이렇게 등장한 글자를 '간체자'라고 해. 획수를 가능한 범위 내에서 최소한으로 줄여 한자를 최대한 간략하게 만드는 거야. 그렇게 해서 80퍼센트가 넘는 문맹률을 15퍼센트 정도로 낮추었다고 해.

반면 타이완은 옛날부터 쓰던 한자를 고치지 않고 그대로 사용하고 있어. 그래서 우리나라 사람이 타이완에 가면 한자를 종이에 써 가면서 의사소통을 할 수 있어. 하지만 중국 대륙에서는 쉽지가 않지. 중국어를 배우지 않은 한국인이라면 중국어 간체자가 낯설 수밖에 없고, 중국인들은 옛날식 한자를 잘 모르기 때문이지.

5. 중국의 사회 전반이 궁금해!

6

중국의 과학과 환경을 짚어 보자!

아침에는 중국발 미세 먼지가 심할 거라는 짜증 나는 일기 예보를 보고서 등교했는데,
저녁에는 중국 우주선이 달 착륙에 성공했다는 신나는 뉴스를 듣게 되는 요즘이야.
중국의 과학과 환경을 살펴보자.

중국이 세계에서 세 번째로 우주인을 배출했다고? 중국의 우주 과학

2018년 3월, 살짝 무서운 뉴스가 전해졌어.

한 우주 정거장이 수명을 다하고 곧 지구로 떨어질 예정인데, 문제는 어디로 떨어질지 모른다는 거야.

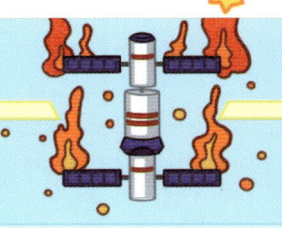

길이가 10.4미터, 최대 지름이 3.35미터밖에 되지 않는 데다 지구 대기권에 들어오면 연소되어 파편으로 떨어진다고 하니 별일이야 있겠냐고 생각은 했지만,

그래도 혹시 알아? 만에 하나 우리나라, 우리 집에 떨어진다면?

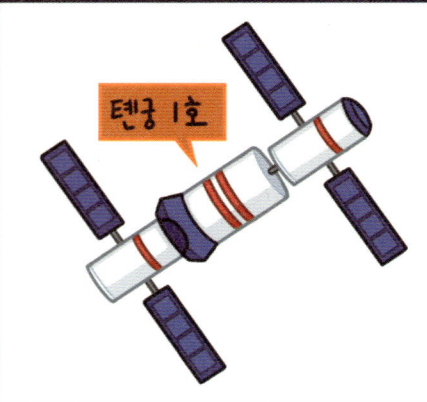

이 우주 정거장은 2011년 9월에 중국이 쏘아 올린 거야. 이름은 '톈궁(天宮) 1호'.

『서유기』의 주인공 손오공이 천상의 나라에 올라가 말썽을 피운 궁전의 이름 '천궁(天宮)'에서 따온 거라고 해.

중국은 러시아와 미국보다 뒤늦게 우주 개발에 뛰어들었어. 그러나 엄청난 경제 성장 속도만큼이나 빠르게 우주 강국을 향해 나아가고 있어. 중국은 1970년에 첫 번째 인공위성 '둥팡훙(東方紅) 1호'를 띄우는 데 성공했어. 둥팡훙 1호를 쏘아 올린 발사 로켓의 이름은 '창정(長征)'. 1930년대 중국 공산당의 군대가 중국 국민당의 추격을 피해 무려 1만 5000킬로미터를 행군했고, 이를 통해 중국 국민당에 대한 승리의 발판을 만든 적이 있어. 이 사건을 '장정' 또는 '대장정'이라고 하는데, 그걸로 이름을 지은 거야. 창정은 그 뒤에도 업그레이드를 거듭하면서 수많은 인공위성과 우주선을 우주로 '행군'시키는 역할을 했어.

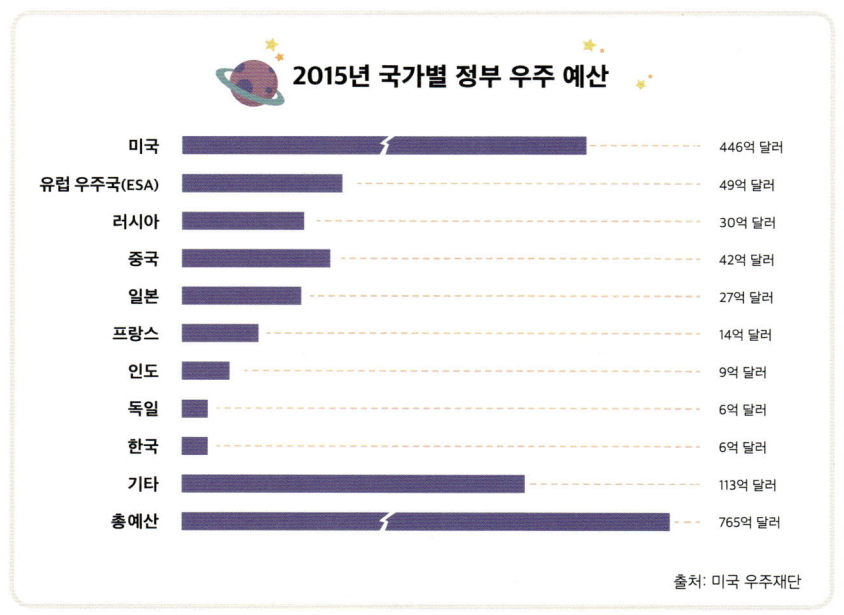

중국은 항공 우주 기술을 새로운 경제 성장 동력으로 보고 과감하게 투자 규모를 늘려 가는 중이다.

1999년 중국은 유인 우주선 발사를 목표로 우주선을 쏘아 올렸어. '신의 배'라는 뜻을 지닌 '선저우(神舟) 1호'였지. 물론 이때는 무인 시험 비행이었어. 그로부터 4년 뒤인 2003년 10월 15일, 중국인 양리웨이 중령이 '선저우 5호'를 타고 14회의 궤도 비행을 마친 뒤 21시간 만에 무사히 지구로 귀환했어. 인터뷰 자리에서 한 기자가 우주에서 만리장성을 보았냐는 질문을 했어. 당시 중국인들이 가장 묻고 싶었던 질문이었을 거야. 양리웨이는 뭐라고 대답했을까?

"아니요. 만리장성은 보이지 않았습니다."

많은 중국인이 실망했겠지? 그러나 중요한 건 만리장성이 보이느냐 보이지 않느냐가 아니야. 러시아, 미국에 이어 세 번째로 중국이 유인 우주선 발사에 성공했다는 거지. 2년 뒤에는 두 명의 중국 우주인이 '선저우 6호'를 타고 약 5일 동안이나 우주 비행을 했어.

2007년 중국은 달 탐사에도 도전장을 내밀었어. 이름이 '창어(嫦娥) 1호'인데, '창어'는 중국 신화에 나오는 달의 선녀 이름이야. 2013년 '창어 3호'가 달 표면 착륙에 성공했고, 2019년 1월에는 '창어 4호'가 달에 착륙했어. 이것은 세계사적인 사건이었어. 인류 최초로 달의 뒷면에 착륙하는 데 성공했기 때문이야. 달은 공전 주기와 자전 주기가 같아서 지구에서는 늘 한쪽 면만 보이는데, 창어 4호가 그동안 알려지지 않은 달의 뒷면에 착륙해 탐사를 하게 되었지. 중국의 우주 개발이 앞으로 어디까지 나아갈지 궁금해지는구나.

중국 사람들은 고속 철도를 '육지 비행기'라고 부른다고? 중국의 고속 철도

2017년 9월 21일, 베이징과 상하이 사이에 새로운 고속 철도가 개통되었어. 이름은 '푸싱(復兴)호'. 중국 국가주석 시진핑이 2012년 선언한 '중국몽', 즉 위대했던 중화 민족의 부흥을 실현하겠다는 메시지를 담은 이름이야.

수도 베이징을 출발한 고속 철도가 1300킬로미터를 넘게 달려 상하이에 도착하는 데 걸리는 시간은 약 4시간 20분.

서울-부산 간 경부 고속 철도의 3배 정도 되는 거리를 2배도 안 되는 시간에 주파했지.

더욱 놀라운 건, 중국의 고속 철도가 이렇게 성장하는 데 10년도 채 걸리지 않았다는 점이야. 중국이 고속 철도 사업을 시작한 건 2004년. 우리나라가 처음 KTX 운행을 시작하던 때야.

처음에는 중국의 고속 철도도 '짝퉁 논란'에서 자유롭지 못했어. 다른 나라들의 선진 철도 기술을 베껴 똑같이 만든 거 아니냐는 비아냥거림을 들어야 했지. 그러나 샤오미가 그랬던 것처럼, 중국은 고속 철도 분야에서도 독자적인 발전을 이룩했어. 이듬해인 2009년에 개통한 고속 철도는 최고 속도를 시속 390킬로미터, 평균 속도를 시속 340킬로미터까지 끌어 올렸지.

그러나 2년 뒤인 2011년 7월, 잘나가던 중국 고속 철도 사업에 제동이 걸렸어. 중국 저장성 원저우의 한 교량을 지나던 고속 열차가 갑자기 벼락을 맞고 멈춰 섰는데, 뒤따라오던 고속 열차가 대처하지 못하고 그대로 부딪친 거야. 객차 4량이 떨어져 나가고 이 중 2량이 탈선해서 교량 아래로 추락했어. 이 사고로 43명이 사망하고 200

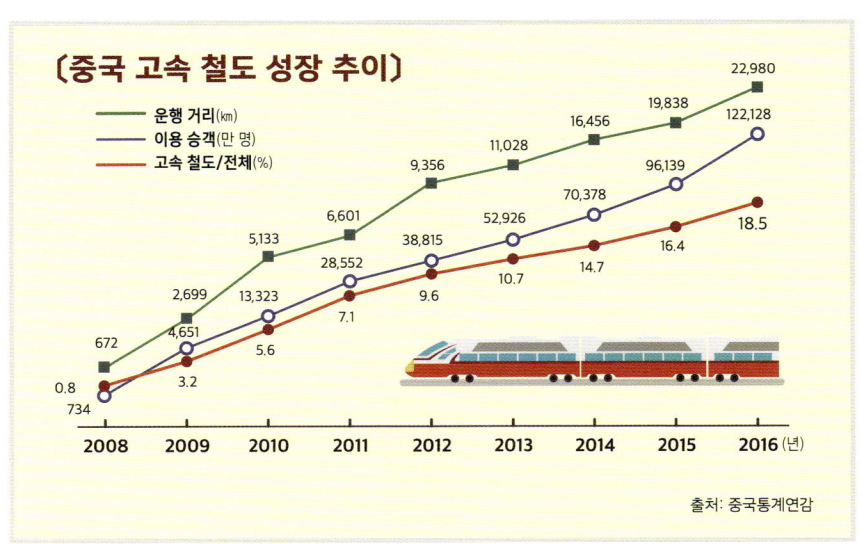

요즘 중국이 만들고 있는 2층짜리 고속 철도의 속도는 시속 160킬로미터이지만 기술적으로 보완하면 350킬로미터까지 높일 수 있다고 전문가들은 입을 모은다.

여 명이 부상을 당했지. 그 뒤 중국 정부는 일부 노선에서 고속 철도의 평균 속도를 시속 300킬로미터로 낮추었다는구나. 중국은 이후에도 고속 철도 개발을 계속해 나갔고, 2017년 평균 시속이 350킬로미터로 세계에서 가장 빠른 푸싱호를 개발하는 데 성공했던 거야.

현재 중국은 고속 철도 분야에서 세계 최고를 자랑하고 있어. 일단, 노선의 길이는 압도적으로 세계 1위야. 2016년에 고속 철도망의 길이가 총 2만 2000킬로미터를 넘어섰는데, 2020년 3만 킬로미터, 2025년에는 3만 8000킬로미터로 연장될 거라고 해.

중국의 고속 철도는 세계 시장에도 진출하고 있어. 유럽이나 미국에 비해 건설 비용이 3분의 2 수준이고 공사 기간은 4분의 3 수준이야. 게다가 차량의 경쟁력도 최고 수준이지. 지금까지 시험 운행한 고속 철도 가운데 최고 시속 기록을 중국이 보유하고 있어. 최근 시험 운행에서 최고 시속 605킬로미터를 기록해 그동안 부동의 1위였던 프랑스 테제베를 제치고 1위를 차지했지. 중국은 이러한 경쟁력과 기술력을 바탕으로 세계 여러 나라에 고속 철도 차량을 수출하고 있어.

중국의 고속 철도 사업은 시진핑이 추진하고 있는 일대일로 프로젝트의 선봉에 서 있어. 중국 정부는 일대일로의 선상에 있는 나라들에 고속 철도를 놓음으로써 일대일로 프로젝트를 더욱 활성화하려 하고 있지. 중국의 고속 철도는 중국뿐 아니라 세계 무대로 뻗어 나가며 새로운 길을 만들고 있어.

중국이 인공 지능 분야의 강국이라고? 중국의 인공 지능 산업

2018년 5월 중국의 한 지방 도시에서 홍콩의 인기 가수 재키 청의 콘서트가 열렸어.

그런데 이날 뉴스의 초점은 재키 청이 아니라 인공 지능 안면 인식 기능이 탑재된 카메라였지.

이 카메라가 콘서트장의 보안 시스템을 통과하는 2만 명의 관중 중에서 지명 수배자 3명을 찾아냈고, 경찰이 이들을 체포한 거야.

인공 지능 때문에 잡히다니!

중국의 인공 지능 기술이 얼마나 발전했는지를 잘 보여 주는 상징적인 사건이지.

중국은 인공 지능 분야에서도 이미 세계적인 강국이야.

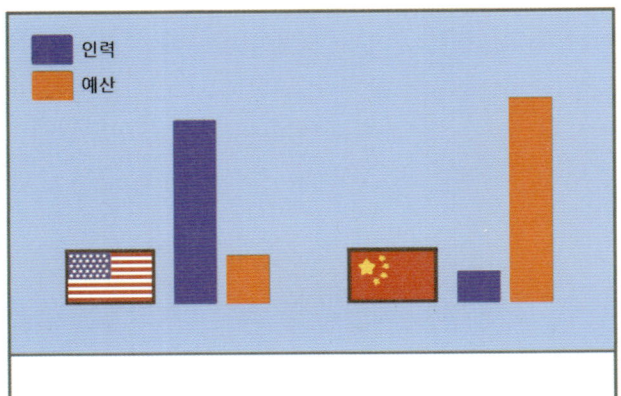

미국보다 핵심 인력은 5배 이상 적지만, 최근 이 분야의 예산이 미국의 4배가 넘어.

인공 지능 관련 특허 건수는 미국의 5배나 되고, 논문 수도 2018년 미국을 앞질렀지.

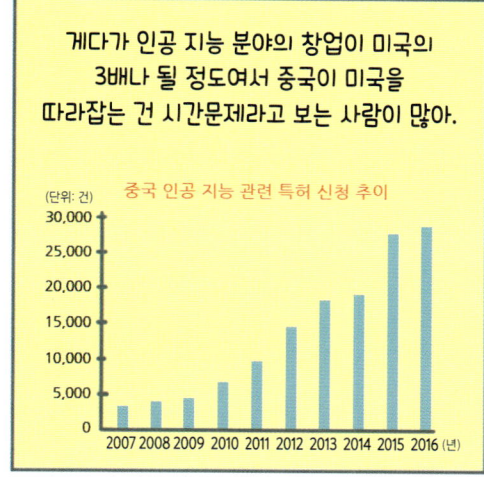

게다가 인공 지능 분야의 창업이 미국의 3배나 될 정도여서 중국이 미국을 따라잡는 건 시간문제라고 보는 사람이 많아.

출처: 아이미디어리서치

중국 정부는 최근 'AI2030' 전략을 내세웠어. 2030년에 인공 지능의 모든 분야에서 세계 1위가 되겠다는 야심 찬 전략이지.

출처: 아이미디어리서치
*2017년 이후는 추정치

정부의 지원에 힘입어 중국의 3대 IT 기업인 BAT가 인공 지능을 이용해 다양한 산업을 개발하고 있어.

중국에서 발전하고 있는 인공 지능 분야 가운데 몇 가지만 알아볼까? 중국의 주요 사회 문제 중 하나가 교통 문제야. 이 문제를 해결하기 위해 광둥성의 몇몇 도시에서 인공 지능을 이용한 '스마트 신호등'을 설치했어. 신호 대기하는 차량의 수가 많아지면 녹색 신호등이 켜져 있는 시간을 늘리고, 그 반대라면 적색 신호등의 시간을 늘리는 식으로 교통 체증을 해결하는 거야. 스마트 신호등을 도입한 결과, 작게는 5퍼센트, 많게는 25퍼센트까지 교통 체증이 줄었다고 해. 심지어 소방차나 구급 차량이 지나가는 긴급한 상황에서 현장 도착 시간을 50퍼센트 가까이 줄였다는구나.

앞에서 재키 청 콘서트 이야기를 했지만, 중국에서 발전한 또 하나의 분야가 인공 지능 안면 인식 시스템이야. 식당에서 음식을 주문할 때 안면 인식 시스템을 보고 미소를 지으면 자동으로 결제가 되지. 물론 자신의 결제 수단과 얼굴을 이 시스템에 미리 등록해 놓아야 하지만 말이야.

인공 지능 안면 인식 시스템이 가장 활발하게 이용되는 분야는 역시 교통 분야야. 중국인은 교통 법규를 안 지키기로 정말 유명하거든. 그런데 최근 인공 지능으로 이 문제를 해결하고 있어. 교통 법규를 위반하는 운전자가 안면 인식 시스템에 잡히면, 범칙금 고지서가 곧바로 그 운전자의 집으로 발송돼. 무단 횡단자도 색출할 수 있어. 두 번 걸릴 때까지는 벌금을 부과하지만, 세 번째에는 횡단보도 신호등 뒤에 설치된 대형 스크린에 그 사람의 사진과 이름을 띄

워서 공개적으로 망신을 준다는구나.

중국의 인공 지능 안면 인식 시스템은 아주 큰 효과를 거두고 있지만, 인권을 침해한다는 비판도 받고 있어. 범죄자든 아니든 중국인 모두를 이 시스템으로 관리하는 것이 가능하거든. 중국 전체에 설치된 감시 카메라가 2억 대 정도나 되는데, 2030년에는 3억 대까지 늘린다고 해. 게다가 그 사람이 누구인지 90퍼센트의 확률로 맞힐 수 있다는 거야. 나의 일상이 일분일초까지 모두 감시받는다니 소름이 돋지 않아?

감시 카메라를 이용한 감시로 끝나지 않고 주민들의 행동 하나하나에 점수를 매겨. 점수가 높으면 상을 주고 낮으면 벌을 주는 것이 가능해지지. 예를 들어, 점수가 낮으면 비행기나 기차 예매를 못 하게 한다든지 하는 식으로 일상생활을 통제하는 거야.

인공 지능 분야는 앞으로 계속 발전하게 될 거야. 그러나 공산당이 독재를 하는 중국의 경우, 국민을 통제하는 데 활용할 가능성이 크기 때문에 걱정하는 목소리가 더욱 높아.

우리나라 미세 먼지의 절반은 중국산이라고? 중국의 대기 오염

요즘 학교에 갈 때 마스크를 쓰고 가는 날이 많지? 미세 먼지 때문에 말이야.

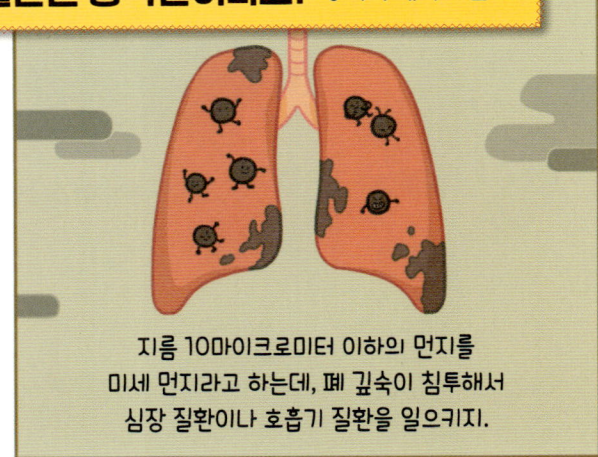

지름 10마이크로미터 이하의 먼지를 미세 먼지라고 하는데, 폐 깊숙이 침투해서 심장 질환이나 호흡기 질환을 일으키지.

특히 지름 2.5마이크로미터 이하의 초미세 먼지는 맨눈으로는 거의 보이지 않아 더욱 공포를 느끼게 되지.

국내의 대기 오염도 문제이지만, 중국에서 오는 미세 먼지의 비중이 매우 높은 편이야. 우리나라 미세 먼지의 절반 정도가 중국산이라는 말도 있어.

우리나라 미세 먼지

예전에는 일기 예보에 '황사' 소식이 많았어.

황사는 중국의 고비 사막과 네이멍구 자치구에서 시작해 중국 동부의 공업 지대를 거치면서 대기 오염 물질을 흡수한 채로 우리나라로 날아왔지.

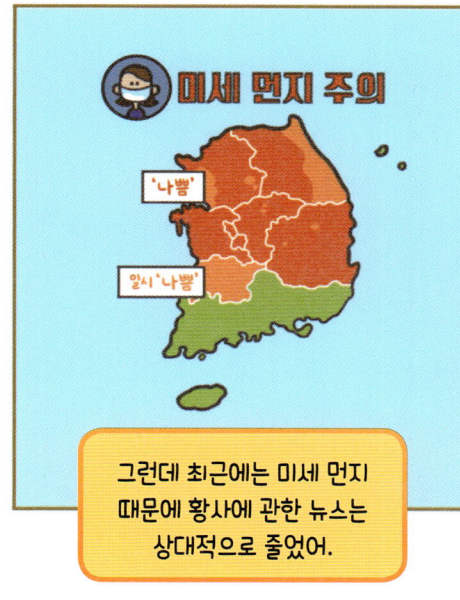

그런데 최근에는 미세 먼지 때문에 황사에 관한 뉴스는 상대적으로 줄었어.

황사는 어쨌든 자연 현상의 일종인 반면, 미세 먼지는 자동차, 공장, 가정에서 사용하는 화석 연료 때문에 생긴 오염 물질이라 더욱 심각하지.

우리나라가 이 정도이니 중국 내의 대기 오염은 더 심각하겠지?

최근에 중국 예술가들이 만든 작품 하나가 뉴스에 소개되었어. 「먼지 벽돌」이라는 작품이야. 이름이 특이하지? 100일 동안 베이징 곳곳을 다니며 진공청소기로 먼지를 채집하고 그걸로 벽돌을 만든 거야. 어떤 디자이너는 마스크 999개로 드레스를 제작하는 퍼포먼스를 펼치기도 했어. 이 모두가 환경 문제의 심각성을 알리기 위한 활동이야.

중국은 개혁 개방 이후 미국과 함께 G2라고 불릴 정도로 세계적인 경제 대국으로 급부상했어. 여기까지는 좋은 일이지만, 그 대가도 톡톡히 치르고 있어. 경제 성장과 산업 발전에만 신경을 쓰느라 대기 오염에 대해서는 소홀했던 거야.

중국은 경제 성장을 위해 많은 에너지원을 소비해야 했고, 화석 연료의 사용량을 계속 늘렸어. 중국의 석탄 생산량은 전 세계의 50퍼센트 가까이 될 정도로 단연 1위야. 석탄 화력 발전소는 3000개가 넘지. 그 바람에 온실가스의 양이 미국과 유럽 연합을 합친 것보다 많단다. 특히 겨울철 난방이 이루어지는 11월부터 3월에는 스모그 현상이 더 심해지지.

자동차 배기가스도 심각한 수준이야. 중국은 현재 자동차가 2억 대 정도 돼. 이 자동차들이 매일같이 뿜어 대는 배기가스가 중국의 대기 오염 수치를 더욱 끌어 올리고 있지.

특히 중국의 수도 베이징의 대기 오염은 정말 심각한 수준이야. 2008년 베이징 올림픽 때 에티오피아의 한 마라톤 선수가 건강을

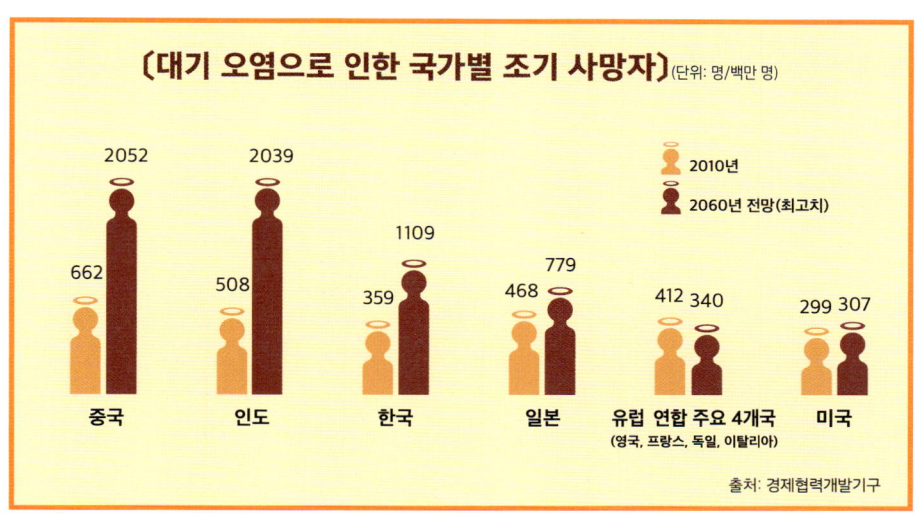

2019년 중국 수도권 지역의 초미세 먼지 수치는 작년 대비 50퍼센트 넘게 올라갔다. 세계 보건 기구(WHO)는 중국에서 해마다 약 100만 명이 대기 오염으로 목숨을 잃는다고 발표했다.

위해 경기 출전을 포기했을 정도지. 중국 정부는 세계인의 축제를 위해 올림픽 기간에 베이징과 그 주변 공장들의 가동을 중단하기도 하고 차량 2부제를 시행하기도 했지만, 올림픽이 끝난 뒤 베이징의 공기는 다시 예전으로 돌아갔다는구나.

베이징뿐 아니야. 세계에서 스모그가 가장 심각한 도시 10곳을 선정했는데, 이 가운데 7곳이 중국 도시였어. 한 통계에 따르면, 2015년 하루 평균 7500명이 폐암으로 사망했다는구나. 1년 동안 270만 명의 중국인이 폐암으로 죽어 간 셈이지.

최근 중국 정부는 대기 오염 문제의 심각성을 깨닫고 환경 정책을 강화하고 있어. 두 가지 정도가 눈에 띄는구나.

첫째는 자동차 정책이야. 베이징이나 상하이 같은 대도시에서는

2019년 1월 베이징의 공기 질은 6단계 가운데 최악 등급(엄중 오염) 상태에 이르기도 했다. 이 단계는 마스크보다는 방독면을 써야 하는 수준이다.

자동차 번호 추첨제를 실시하고 있어. 자동차 번호의 발급량을 줄여서 자동차 수를 제한하는 거지. 추첨 경쟁률이 20 대 1이나 될 정도로 자동차를 보유하는 것이 주요 대도시에서는 하늘의 별 따기라고 해.

    다른 한편으로는 전기 자동차의 공급을 늘리고 있어. 전기 자동차 번호판을 구할 때는 경쟁을 할 필요가 없어. 원하면 바로 얻을 수 있지. 아파트나 백화점처럼 사람이 많은 곳에는 충전소를 의무적으로 설치하게 해서 전기 자동차 소유자를 위한 혜택을 늘려 나가고 있어. 이와 함께 전동 자전거를 사람들이 함께 이용할 수 있도록 공유 서비스도 늘리고 있지.

둘째는 스모그 제거 탑이야. 최근 뉴스에서 보았는데, 중국 산시성(陝西省: 중국 중서부에 있는 성) 시안에 지름 10미터, 높이 100미터의 거대한 탑이 등장했다고 해. 일종의 '공기 청정 빌딩'인 셈인데, 이 스모그 제거 탑을 설치한 뒤 10~20퍼센트의 미세 먼지 감소 효과를 보았다는구나.

최근 중국인들 사이에 친환경 제품의 소비가 늘고 있다고 해. 우리나라도 마찬가지지만 공기 청정기, 마스크의 소비가 늘고 있어. 공기 정화 식물도 인기가 높다고 해. 심지어는 청정 지역의 산소를 담은 캔이 등장했고, '스모그로부터의 탈출 여행'이라는 테마로 패키지여행 상품까지 등장했다는구나.

중국 정부가 대기 오염을 줄이기 위해 다양한 정책을 펴고 있지만, 여전히 환경보다 경제가 우선순위야. 또 영토가 넓고 인구가 많은 중국으로서는 환경 정책이 짧은 시간에 효과를 거두기도 어렵지. 중국은 앞으로 대기 오염 문제를 잘 극복해 나갈 수 있을까?

중국, 세계 1위를 꿈꾸다!

2019년 3월 25일 1판 1쇄
2024년 8월 5일 1판 4쇄

글쓴이 강창훈 | 그린이 고세인

편집 최일주, 이혜정, 김인혜 | 교정 한지연 | 디자인 민트플라츠 송지연
제작 박흥기 | 마케팅 이병규, 양현범, 이장열, 김지원 | 홍보 조민희
인쇄 코리아피앤피 | 제책 J&D바인텍

펴낸이 강맑실 | 펴낸곳 (주)사계절출판사 | 등록 제406-2003-034호
주소 (우)10881 경기도 파주시 회동길 252
전화 031)955-8588, 8558 | 전송 마케팅부 031)955-8595, 편집부 031)955-8596
홈페이지 www.sakyejul.net | 전자우편 skj@sakyejul.com | 블로그 blog.naver.com/skjmail
페이스북 facebook.com/sakyejulkid | 인스타그램 instagram.com/sakyejulkid

ⓒ 강창훈, 고세인 2019

값은 뒤표지에 적혀 있습니다. 잘못 만든 책은 구입하신 서점에서 바꾸어 드립니다.
사계절출판사는 성장의 의미를 생각합니다. 사계절출판사는 독자 여러분의 의견에 늘 귀 기울이고 있습니다.
이 책은 저작권법에 따라 보호받는 저작물이므로 무단 전재와 복제를 금합니다.

979-11-6094-453-2 73910
978-89-5828-770-4(세트)